档案管理
与信息化建设探索

耿 昊 祁海英 陈灏琪◎著

中国书籍出版社
China Book Press

图书在版编目（CIP）数据

档案管理与信息化建设探索 / 耿昊，祁海英，陈灏琪著 . -- 北京：中国书籍出版社，2023.12
ISBN 978-7-5068-9632-0

Ⅰ.①档… Ⅱ.①耿… ②祁… ③陈… Ⅲ.①档案管理—信息化建设—研究 Ⅳ.① G270.7

中国国家版本馆 CIP 数据核字 (2023) 第 213498 号

档案管理与信息化建设探索
耿　昊　祁海英　陈灏琪　著

图书策划	邹　浩
责任编辑	毕　磊
责任印制	孙马飞　马　芝
封面设计	博健文化
出版发行	中国书籍出版社
地　　址	北京市丰台区三路居路 97 号（邮编：100073）
电　　话	（010）52257143（总编室）　（010）52257140（发行部）
电子邮箱	eo@chinabp.com.cn
经　　销	全国新华书店
印　　厂	北京四海锦诚印刷技术有限公司
开　　本	710 毫米 ×1000 毫米 1/16
印　　张	10.75
字　　数	211 千字
版　　次	2024 年 1 月第 1 版
印　　次	2024 年 1 月第 1 次印刷
书　　号	ISBN 978-7-5068-9632-0
定　　价	68.00 元

版权所有　翻印必究

前　言

档案，作为记录历史、保护权益、支持决策的不可或缺的工具，一直以来都在不断演变和发展。档案管理工作是档案部门直接对档案实体和档案信息进行管理并提供利用服务的各项业务工作的总称，也是国家档案事业最基本的组成部分。随着信息化的飞速发展，社会需求的多样化不断刺激着档案管理工作的优化与完善。传统的档案管理工作已经跟不上时代的发展步伐，不得不进行改革和创新。

鉴于此，笔者对档案管理与信息化建设进行探索。首先进行档案的理论概述，内容包括档案的起源与定义、档案的特点与类型、档案的价值与作用、档案的事业高质量发展；其次，分析档案的工作流程，内容涉及档案的获取与收集工作、档案的分类与整理工作、档案的存储与保管工作、档案的利用与传播工作；再次，解读档案管理的现状与设计，内容涵盖档案管理的现实准则、档案管理的多领域解读、档案管理的设计步骤、档案管理模式创新策略；接着，探讨档案管理的信息化建设，内容涉及档案信息化建设、档案管理的技术应用实践、档案管理信息系统建设、档案信息化保障体系建设；然后，研究乡镇社区档案管理的综合优化与发展，内容包括乡镇社区基层档案管理的现状与创新、乡镇社区档案管理的完善措施、乡镇社区档案管理的规范化发展、乡镇社区医疗卫生相关档案管理思考；最后，探索乡镇社区档案管理的信息开发与数字化建设，内容涵盖乡镇社区档案信息开发利用、乡镇社区档案数字化管理、乡镇社区档案管理的数字化建设案例与启示。

本书结构完整，覆盖范围广泛，层次清晰。它采用简明易懂的语言和系统化的结构，与时俱进，满足读者不断更新的需求。该书适用于广大从事档案管理与信息化建设的专业人员、高校师生和知识爱好者阅读，并具有一定的参考价值。

本书在写作过程中，笔者获得了许多专家和学者的宝贵帮助与指导，在此表示衷心的感谢。由于笔者的能力有限，加之时间紧迫，书中可能存在一些遗漏之处，希望读者们能够提供宝贵的意见和建议，以便笔者进行进一步的修订，使其更加完善。

目　录

第一章　档案的理论概述 ············· 1

　　第一节　档案的起源与定义 ············· 1
　　第二节　档案的特点与类型 ············· 4
　　第三节　档案的价值与作用 ············· 12
　　第四节　档案的事业高质量发展 ············· 16

第二章　档案的工作流程 ············· 19

　　第一节　档案的获取与收集工作 ············· 19
　　第二节　档案的分类与整理工作 ············· 24
　　第三节　档案的存储与保管工作 ············· 29
　　第四节　档案的利用与传播工作 ············· 37

第三章　档案管理的现状与设计 ············· 46

　　第一节　档案管理的现实准则 ············· 46
　　第二节　档案管理的多领域解读 ············· 55
　　第三节　档案管理的设计步骤 ············· 68
　　第四节　档案管理模式创新策略 ············· 76

第四章　档案管理的信息化建设 ············· 80

　　第一节　档案信息化建设 ············· 80
　　第二节　档案管理的技术应用实践 ············· 85
　　第三节　档案管理信息系统建设 ············· 93
　　第四节　档案信息化保障体系建设 ············· 95

第五章 乡镇社区档案管理的综合优化与发展 …… 117

第一节 乡镇社区基层档案管理的现状与创新 …… 117
第二节 乡镇社区档案管理的完善措施 …… 120
第三节 乡镇社区档案管理的规范化发展 …… 125
第四节 乡镇社区医疗卫生相关档案管理思考 …… 127

第六章 乡镇社区档案管理的信息开发与数字化建设 …… 136

第一节 乡镇社区档案信息开发利用 …… 136
第二节 乡镇社区档案数字化管理 …… 148
第三节 乡镇社区档案管理的数字化建设案例与启示 …… 154

参考文献 …… 162

第一章　档案的理论概述

第一节　档案的起源与定义

一、档案的起源

档案是人类社会发展到一定阶段的文明产物，是人类社会实践活动的原始记录。在蒙昧和野蛮时代的漫长岁月里，人类还没有创造出一种表达和交流人们意图的文化记录工具。远古人只能靠语言和动作来表达思想，凭大脑的记忆贮存信息。为了克服和弥补语言和动作传达缺陷，人类逐步创造了载录信息的文化记录工具，产生历史记录，也就产生档案。人们通过不断的溯源，归纳出以下三种观点。

第一，需求主导档案产生。当人们第一次有意识地在绳子上打不同的结、在木头等物体上刻画不同的痕迹，并以此来记录相应不同的信息时，这些打了结的绳子和刻画了痕迹的物体就成为最早的历史记录和档案。因此，我们可以认为需求主导档案产生，结绳、刻契的出现顺应的是人们记录的需求。这个时代尚未出现文字，但结绳和刻契还不是一般意义上的历史记录和档案，因而称之为史前时期的档案。

第二，文字促进档案产生。当人们第一次用文字来记录和交流信息时，档案也就出现了。根据我们今天对档案定义的认识，可以认为档案起源文字的产生与使用。

第三，国家推动档案产生。在历史上，国家的出现通常伴随着社会阶级的形成和管理体系的建立。而文件和档案则在国家管理中发挥着重要作用，帮助国家维护秩序、制定政策以及确保政府的透明度和问责制。当这些系统性的完整文件被有意识地保存起来时，就形成了档案。

二、档案的定义

档案，是指过去和现在的机关、团体、企业组织和其他组织以及个人从事经济、政治、文化、社会、生态文明、军事、外事、科技等方面活动直接形成的对国家和社会具有保存价值的各种文字、图表、声像等不同形式的历史记录。很显然，档案这个概念的内涵是人类在社会实践活动中直接形成的原始的历史记录，它的外延是具有这种属性的各种形式的文件材料。这一档案定义的基本含义有以下四个方面。

（一）档案是在社会活动中形成的

档案的来源大致可以分为三类：①官方性质的机关；②非官方的各种社会组织（如社会团体、组织）；③个人（如著名人士、著名家庭和家族）。这使档案具有很强的广泛性，只要单位和人存在，其档案就会源源不断地产生和积累。

同时，档案又是来源形成者的特定的实践活动。有什么样的社会活动，就有什么样的档案，经济政治、文化教育、天文地理、农工商学，无所不包。实践活动形成和产生各种形式和内容的文件资料，日后经过一定的整理保存下来，也就形成了档案。档案是伴随着人类活动自然而然地产生的最为原始的历史记录，这一特性是档案区别于图书和报刊资料的标志之一。

（二）档案是人类社会活动的原始记录

档案是人类社会实践活动中形成和产生的各种材料转化而来的，是当时活动最为原始的记录，不是事后另行编写和随意收集来的，这是档案区别于其他资料的重要特点之一。

档案是我们社会历史的见证者，它们承载着时光的印记，记录着人类文明的演进。从最早的刻在石头上的文字，到现代电子文档的存档，档案一直在记录着我们的活动、决策和成就。这种原始记录的特性使得档案具有不可替代的价值，因为它们能够提供关于过去事件的真实和可信的信息，而这些信息对于历史研究、法律诉讼、政策制定等方面都具有重要意义。

档案的原始性质还体现在它们的产生过程中。档案并非事后编写的文本，而是在实际活动中自然形成的记录。这意味着档案不受后期编辑或篡改的影响，能够真实地反映当时的情况和背景。这一特点对于历史学家和研究人员来说尤为重要，因为他们需要可靠的信息来还原过去的事件和决策过程。

此外，档案也不是随意收集而来的。它们通常经过一定的筛选和分类，以确保只有与特定活动或组织相关的记录被保留下来。这种系统性的管理和保护使得档案能够更好地保存下来，并且能够更容易地被查找和访问。

（三）档案是保存备查的文件

文件和档案是同一物体在不同发展阶段的两种表现，现在的档案就是过去的文件，现在的文件将是以后的档案。

文件转化为档案一般需要具备如下三个条件。

1. 办理完毕

办理完毕是指完成了文书处理程序，是指文件的承办告一段落。这样的文书才有被保存的价值，因此办理完毕的文件才能作为档案保存。其日常工作中有三种情况：①文件所涉及的事务很快就办理完毕。②文件所涉及的事务需要经过较长时间才能办理完毕的，是指只要将文件完成签收、传阅、研究讨论和贯彻执行后，就可视为办理完毕。③无须进行具体承办的文件，只要经过登记、收发、圈阅等文书处理手续，就视为办理完毕。文件办理完毕，才能转化为档案。文件转化为档案后，大部分丧失了现行的效用。但有的文件有效期长达几年甚至几十年，例如各种法律、合同、规划等文件，不需要等到其失效后才归档。

2. 有保存价值

国家机关、社会组织和个人在履行职能、处理事务活动中形成的文件材料，数量是巨大的，不可能全部都转化为档案。实际上，只有那些具有持久的保存价值的文件才应该被转化为档案。档案可以被看作是文件的精华，是那些具有历史、法律、行政、研究等方面价值的文件的有序集合。这些档案能够为机构、组织和个人提供重要的信息、证据和历史记录。档案的管理和保存是确保社会机构和组织能够履行其职能、维护合法权益、保护文化遗产和推动社会发展的关键。

将所有文件都转化为档案，会导致大量无关紧要的文件被保存下来，浪费时间和资源。因此，必须进行文件的精选和鉴定，以确定哪些文件具有保存价值，哪些文件可以被丢弃。

为了科学有效地管理档案，应当建立明确的文件管理政策和流程。这包括文件的分类、鉴定、归档、保管和销毁等方面的规定。只有通过合理的文件管理，我们才能够确保档案的保存价值得以充分保护，同时避免不必要的烦琐工作。

3. 规律性集中保存

规律性集中保存是文件管理和档案保存的核心原则之一。文件是在日常工作中逐日逐件产生的，它们通常是分散和零散的。只有在按照一定的规律或要求，并经过整理和组织后，才能够被称为档案。

归档是将这些散乱的文件按照特定的标准和程序进行整理、分类和存储的过程。这个过程不仅是将文件变为档案的程序，也是成为档案的必要条件，而且也是文件转化为档案的标志和界限。

第二节　档案的特点与类型

一、档案的特点

第一，来源的广泛性。档案来源各种机构和个人，是在他们从事政治、经济、科学、技术、文化等活动的过程中产生的。档案的来源广泛性指的是档案所涵盖的信息和资料来自多种多样的渠道和途径。不仅如此，档案内容还具有丰富性，档案事务还具有社会性。

第二，形成的原始性。档案的真实背景应当与其创造或记录时期相符，以确保其形成原始性。档案的形成原始性是指档案在产生的时候所处的上下文环境和背景是真实和原始的，没有经过篡改、修改或操控。在档案学领域，保持档案的形成原始性是至关重要的，因为它关系到档案的可信度、可靠性和历史价值。在确认档案的原始性时，必须考虑档案的来源是否可信。可靠的原始来源和渠道有助于验证档案的真实性。为保护档案免受自然灾害、人为破坏或恶意篡改的影响，应采取适当措施。这包括但不限于合理的储存条件和安全措施。

第三，生成的条件性。档案在成为档案之前，是文件。转化成档案的文件必须是已经处理完的，只有当一份文件已经完成了传达和记录的使命，它才具有参考的价值，也才可以转化成档案。而且档案必须是整理过后形成的有序的、完整的文件材料。

第四，记录的完整性。档案的完整性是指档案作为记录信息的载体，所包含的信息内容在创造、保存、传播和使用过程中保持完整、准确、不受损失和篡改的状态。保障档案的完整性不仅是对历史真实性和文化传承的尊重，也是对信息可靠性和社会秩序的维护。只有保持档案的完整性，才能确保档案所蕴含的信息能够为各种用途提供有力的支持。

第五，信息的权威性。档案的信息权威性是指档案所载信息的可信程度和准确性，是评价档案价值的重要指标之一。影响档案权威性的因素包括时间因素、形成因素、管理因素。在现代社会，档案扮演着重要的角色，不仅用于学术研究，还广泛应用于法律、行政、经济等领域，因此，其信息权威性显得尤为重要。

第六，记录利用的传承性。档案的利用传承性是指档案不仅仅是历史信息的记录，更是具有传承和利用的功能，能够为后人提供有关过去经验和知识的宝贵资源。这种特性使得档案在跨越时空的过程中，持续地为人们的学术研究、文化传承以及社会发展提供有益支持。随着数字化技术的发展，档案的利用传承性得到了进一步加强。

二、档案的类型划分

（一）根据历史时期划分

历史档案是指形成时间较早离现实较远的档案，在中国是指中华人民共和国成立之前形成的档案，这类档案主要起历史文化传承作用。根据历史时期可划分为历史档案和现行档案，也可划分为以下类型。

第一，古代档案。古代档案是指 1911 年以前历代王朝所产生的各类档案。主要反映我国奴隶社会、封建社会的历史。现在被保存下来的主要是明、清两朝形成的档案，大多集中保存在中国第一历史档案馆，有些省市级档案馆保存有极少量的清代档案。古代档案数量不多，但非常珍贵，是了解和研究我国古代政治、经济、军事、文化等状况的第一手材料。

第二，近代档案。近代档案是指 1911 年至 1949 年中华人民共和国成立以前，一般社会组织、私营企业、私立学校等形成的档案。中国第二历史档案馆保存的多属这一时期的档案，有些省市档案馆也保存着这类档案。

第三，现代档案。现代档案是指中华人民共和国成立后，各机关、组织、团体、企事业单位以及个人形成的档案。这部分档案数量最多，内容最丰富，而且还在不断增长。现代档案相对古、近代档案，具有种类多、范围广、时间近、内容新、实用性强等优势和特点。我国各级各类档案馆、室保存的主要是这类档案，而且主要是属于国家所有的档案。

（二）根据载体形式划分

不同载体形式的档案较多，这里主要介绍以甲骨、泥版、金石、简牍、缣帛、纸张等载体形式的档案。

第一，甲骨档案。中国商周时代即已产生以甲骨为载体形式的档案。现在保藏的甲骨档案，多为盘庚迁殷到纣亡时期形成的，甲骨档案的文字是用石刀刻在坚硬的龟甲兽骨上的，它的内容反映商周统治阶级的政治、经济、军事等，具有记述历史事实的原始性，并按照一定规律（如年代或重要程度，或以甲骨的类别分别保管）集中保存在宗庙、地窖里，可作为了解和研究商周王朝的历史、文化等方面的凭证和参考。

第二，泥版档案。泥版档案是指使用泥板（一种印刷和记录工具）制作的文件、记录和资料的集合。泥板是一种传统的印刷方法，尤其在古代和一些非洲、亚洲和中东国家仍然广泛使用。

第三，金石档案。在我国古代，"金"是金属的统称，这里是指古代的青铜器。青铜器、铁器上，刻有作为记事和凭证的金文，具有古代档案的性质，从档案学的角度来分析，可称为金文档案。现在人们所称的金石档案，还包括诸如铁券、金册等一些金属载体形式的档案，多是王朝对有功臣子和有关首领人物的册封。迄今，我国有些档案馆和博物馆还保存有古代的"铁券"和"金册"等载体形式的档案。

第四，简牍档案。简牍档案是继甲骨档案之后，发现较多的一种古代档案。我国有些档案馆、博物馆都保存有这种载体形式的档案。我国从周代到魏晋1000余年之间，多用竹片和木板撰写文书，通常称作"简策""简牍"。多年来，我国各地先后出土了大量古代简牍，其中有相当一部分是当时活动的直接记录，具有古代档案性质。

第五，缣帛档案。"缣"是一种细绢，"帛"是丝织品的总称。用缣帛作为书写材料，大约在我国春秋战国时期已相当流行。随着生产力的提高，秦汉以后在简牍仍然大量利用的同时，一些贵重文书用于丝织缣帛书写的情况逐渐多起来；"帛书""竹帛"之称也比以前更多见了。

第六，纸质档案。造纸是我国古代的四大发明之一，是我国劳动人民对世界文化的重大贡献。并且现代档案中依然多是以纸质为载体材料的档案。据史料记载，我国在西汉时已发明了纸张，并用于书写，与缣帛并行。到了魏晋南北朝时期，纸制的官府文书才完全代替过去的竹木简牍。大约在8世纪，造纸技术开始传入西方。至今，纸张仍是世界各国最主要的书写材料。我国还保存有1200多年前的唐代纸质档案，从中可以看到官府某些活动记录的原始墨迹；保存的明清时期的纸质档案，质地较好，有耐久性。

第七，机读档案。机读档案是以代码形式和特定结构记录在计算机存储载体上的、计算机能够识别处理的档案信息。主要包括两种：①在实现了办公室自动化和无纸办公系统的部门形式的机读文件，其中归档的部分即是机读档案。②将传统类型档案信息输入计算机，转换而成的机读档案。机读档案的特点是：必须使用特定的计算机硬件和软件才能被读出和处理，有严谨的格式结构，有统一的标记符号。机读档案的存储介质有磁带、磁盘等。

第八，缩微品档案。缩微品档案主要指利用缩微摄影设备直接记录历史活动形式的档案。同时，也包括利用缩微摄影方法将档案原件上的图文信息缩小拍摄在感光胶片上，经冲洗、拷贝等过程制成缩微品，还可以利用专门设备将计算机磁盘（带）或光盘的输出信号转换为图文信息记录在胶片上制成缩微品。缩微品档案一般有卷式和片式两种形式。其特点和功能是：信息存储量大、节省存储空间；记录准确，可真实地再现原件的风貌；保存寿命长；规格统一，便于实现自动快速检索和档案管理现代化。

第九，声像档案。声像档案是以声频和视频等方式记录历史活动和各种信息的档案，亦称音像档案、视听档案。包括照片、影片、唱片、录音、录像档案。声像档案大多产生和形成于通讯社、报社、画报社、广播电台、电视台、电影制片厂、唱片厂、文化馆、电化教育中心等单位。国家机关、科研单位、企业和其他事业单位目前也产生了此类档案，随着时代的发展，今后还会逐渐增多。声像档案可以观其行、闻其声，具有形象逼真性、生动直观性、原始记录性、选材典型性、艺术美感性、交流便捷性等特点。

第十，电子档案。电子档案由电子文件转化而来，即产生和依赖于电子环境，经数字化处理的已归档的电子文件。电子档案的特性是由电子文件的特点决定的，主要有依赖性、不可识别性、载体的非直读性、不稳定性、可变性、信息共享性、动态性和虚拟性等特点。

第十一，数字档案。数字档案是指以数字形式创建、存储、管理和传播的档案。数字档案的演变是在电子档案基础上的进一步发展，数字档案是随着数字技术的发展而出现的一种档案形式。

数字档案强调了数字化、互联网和信息技术的应用，使得档案管理更加高效、便捷和全球化。数字档案更广泛地涵盖各种数字化形式的信息，包括文本、图像、音频、视频等多种媒体。数字档案并不仅仅是将纸质文件扫描成电子格式，还包括通过数字设备直接创作或记录的内容。它可以是原始的电子文档，也可以是数字相机拍摄的照片、录制的音频、摄制的视频等。

(三) 根据语种划分

档案根据语种进行类型划分是一种有益的分类方式，有助于更好地组织和管理多语言档案资源。这种分类方式反映语言和文化多样性的重要性，促进了文化传承、国际合作和全球信息共享。随着社会的不断发展和多语言交流的增加，对档案管理和分类的多语言考虑将变得愈加重要。

第一，古代语言档案包括使用已经不再通用的古代语言记录的文献。这对研究古代文明和历史非常重要。

第二，方言档案记录使用特定方言或地方口音的语言的档案。方言档案通常包括民间故事、传统歌谣、地方史料等，有助于保护和传承地方文化和语言多样性。

第三，母语档案。母语档案具有最直接的语言表达方式，通常用于记录重要的国家、政府和文化事件。这些档案包括政府法令、国家宪法、文学作品、历史文献等，它们对于维护和传承民族文化和历史至关重要。

第四，外语档案是使用其他语言记录的档案，通常与国际交流、外交关系、国际贸易等领域有关。这些档案可以包括外交公函、国际协议、跨国公司文件等。外语档案的管理和翻译对于国际合作和文化交流至关重要。

第五，跨文化档案是包含多种语言元素的档案，通常反映不同文化背景的交流和交融。这些档案可能包括多语言的公文、翻译文件、跨文化研究报告等，有助于促进不同文化之间的相互理解和合作。

（四）根据形成者划分

档案的形成者是档案管理中的重要概念，它反映档案的来源和背景，有助于我们更好地理解档案的性质和用途。根据档案的形成者，我们可以将档案分为国家机关档案、社会组织档案、企业档案、事业单位档案、家庭档案和个人档案，每一种类型都具有独特的特点和价值。

第一，国家机关档案是由政府部门和机构产生和管理的档案。这些档案包括政府政策文件、法规、会议记录、决策文件等。国家机关档案的重要性在于它们记录国家的政治、行政和法律活动，对于历史研究、政策制定和法律实施都具有重要价值。

第二，社会组织档案包括非政府组织、慈善机构、协会等组织产生的档案。这些档案可能涵盖项目计划、捐赠记录、会员名单等信息。社会组织档案有助于研究社会发展、慈善事业和社会参与，对于了解社会组织的历史和活动至关重要。

第三，企业档案是由各类企业和公司产生的档案，包括财务报表、营销计划、员工档案等。这些档案不仅对企业自身的管理和决策有重要作用，还为市场竞争和经济发展提供了有价值的信息。

第四，事业单位档案包括学校、医院、科研机构等公共服务单位的档案。这些档案记录教育、医疗、科研等领域的重要信息，对于提高公共服务质量和保障公众利益至关重要。

第五，家庭档案是家庭成员个人生活和家庭事务的记录，家庭档案可以帮助家族了解自己的历史和传统，传承文化遗产。

第六，个人档案是每个人个体生活的记录，包括个人履历、教育经历、职业发展等。个人档案有助于个人管理自己的生活，也在就业、教育和社会互动中发挥重要作用。

总之，档案的形成者是档案分类的一个关键因素，不同形成者产生的档案类型各异，具有不同的历史和文化价值。理解档案的形成者有助于更好地管理和利用这些宝贵的历史和信息资源，推动社会的发展和进步。

（五）根据内容属性划分

按照档案内容的不同属性，可划分为文书档案、科技档案、人事档案、会计档案、诉讼档案等。

第一，文书档案。文书档案是指机关、组织、企业和事业单位在从事社会管理性活动中形成的，经过立卷归档的文献。我国古代的文书档案包括：帝王的诏令文书；臣工上奏文书；官府行移文书。我国近代的文书档案主要包括令、咨、呈、示、状等文书材料转化而来的档案。现代机关的文书档案主要由法规性文件和行政性文件转化而来。

第二，科技档案。科技档案是科学技术档案的简称，科学与技术作为两个概念来解释时，它们包含的范围非常广泛。"科技档案是科技成果的重要组成部分，研究新时期科技档案资源的特点及其对科技档案工作带来的挑战与问题，对科技档案工作发展具有重要的理论和实践意义。"[1]

第三，人事档案。人事档案是组织、人事部门在工作活动中形成的，记述和反映个人经历、德才能力、专长特点等方面内容的档案。人事档案是国家档案的重要组成部分，其权属归国家所有。人事档案的种类很多，主要包括国家公务员档案、教师档案、科技人员档案、医务人员档案、运动员档案、演员档案、服务员档案、工人档案和学生档案等。

第四，会计档案。会计档案是指各机关、企业、事业单位或其他经济组织在经济管理活动中形成的具有保存价值的会计核算专业材料。它记录和反映一个单位、一个部门或一个地区的经济活动状况，是进行财务分析、会计监督、经济决策和制订社会发展计划不可缺少的依据和条件，是国家档案的重要组成部分。会计档案主要包括会计凭证、会计账簿、会计报表等材料。

第五，诉讼档案。诉讼档案是各级人民法院在审判刑事、民事、经济等案件中形成并归档保存的诉讼文书材料。它记述和反映人民法院贯彻执行党和国家的路线、方针、政策、法律、法令等方面的情况，对检查工作、总结经验、研究历史、制定法律等具有重要价值。

第六，艺术档案。艺术档案是文化艺术创作、艺术研究、艺术教育、艺术表演团体和个人在各项艺术活动中形成的具有一定价值的各种原始记录文献。包括文字材料、设计图、照片、影片、录音、录像等，记述和反映各种艺术文化活动的历史面貌及时代特征。具有形象性、成套性、多样性等特点。既可供创作、演出单位借鉴，亦是进行艺术研究、艺术教育等方面的重要材料以及艺术遗产继承和艺术创造发展的必要条件。

第七，地名档案。地名档案是各级地名工作部门和地名工作者在开展地名普查、研究、考证、更名、命名和地名标准化等工作活动中形成的各种原始记录性文献。地名档案是国家政治、经济、国防、内政、外交、科研、出版、新闻、测绘、交通、邮电、编史修

---

[1] 潘亚男. 新时期科技档案工作的新变化与新问题——基于中国科学院科技档案实践的思考[J]. 图书情报工作, 2022, 66 (01): 106.

志等各项工作所必需的重要材料。妥善保管和合理利用地名档案，对促进社会发展、维护国家领土主权以及开展国际交往等具有重要意义。

第八，教学档案。教学档案是指教师在教学业务活动、教学管理活动以及学生学习活动中形成的，具有一定价值的原始记录性文献。各级各类教学单位形成的教学档案，是学校最基本的职能活动的记录和反映，保管和利用教学档案，对于实现教育目标，提高教学质量和进行教学研究工作都具有一定作用。

第九，立法档案。立法档案是国家立法机关在制定法律的过程中直接形成的有价值的历史记录性文献。立法档案反映国家法治建设的历史与水平，具有重要的保存价值。在中国，立法档案主要是全国及地方人民代表大会常务委员会在行使制定、修改宪法、刑法、民法及其他地方性法规的职权过程中形成的。

第十，书稿档案。书稿档案是图书出版机构在其工作活动中形成的，记述和反映编辑出版工作全过程及出版成果情况的、具有保存利用价值的历史记录性文献。书稿档案具有成套性的特点。书稿档案是出版、重版图书，修（增）订图书、总结出版规律和经验、研究作者创作过程、研究出版工作历史、考核编辑出版人员业绩等情况的依据和参考。

第十一，审计档案。审计档案是国家审计机关、内部审计机构和社会审计组织在审计监督过程中形成的档案，是反映审计活动开始到终结全过程的原始记录，真实地反映制订审计计划，实施审计监督，拟定审计报告、结论和决定，被审计单位对审计结论和处理决定提出的申诉、复审，审计回访，审计工作总结以及审计科研和培训等各个环节的活动。

第十二，地质勘测档案。地质勘测档案指的是与地质勘测相关的文件、记录、数据和资料的集合。这些档案通常包括有关地质特征、地质结构、地下资源、地质风险、地质调查和地质勘探活动的信息。地质勘测档案可以包括地质勘测报告、地质地图、钻孔数据、地层分析、样本分析结果、地质测量数据、地下水信息等各种信息和记录。这些档案对于地质科学研究、自然资源开发、土地规划、环境保护和灾害风险评估等领域都具有重要价值。地质勘测档案的管理和保存对于有效的地质资源管理和环境保护至关重要。

第十三，测绘档案。测绘档案是指与测绘和地理信息相关的文件、记录、数据和资料的集合。这些档案通常包括有关地理空间数据、地图、测量和测绘活动的信息。这些测绘档案对于土地规划、城市发展、资源管理、环境保护、灾害管理、导航和地理科学研究等领域都具有关键意义。管理和维护测绘档案有助于确保准确的地理信息和测绘数据可供公众、政府和专业人士使用。

第十四，水文档案。水文档案指在水文观测活动中形成的记述水量、水质、水温、水位等地上水和地下水资源情况的档案材料，包括观测和采样记录、分析材料、月报表、年报表及各种图件，如水位埋深图、变幅图、变差图、水化学图、漏斗要素一览表等。

第十五，天文档案。天文档案是指与天文学和天体观测相关的文件、记录、数据和资料的集合。这些档案包括有关天体、星座、星系、行星、彗星、恒星、宇宙射线、宇宙物理学等领域的信息。

第十六，气象档案。气象档案是指与气象学和气象观测相关的文件、记录、数据和资料的集合。这些档案包括有关气象条件、天气观测、气象事件、气象数据、气象研究等领域的信息。

第十七，地震档案。地震档案是指与地震活动和地震研究相关的文件、记录、数据和资料的集合。对于地震科学研究、地震监测、地震预警、应急管理、建筑设计和城市规划等领域都具有重要价值。这些档案不仅有助于了解地震活动的模式和趋势，还可以帮助社会做好地震风险管理和减灾工作。维护和管理地震档案有助于提高地震预警系统的准确性，减轻地震灾害对人们生活和财产的影响。因此，地震档案的重要性不可忽视。

第十八，专利档案。专利档案主要是指发明创造申请说明书、发明专利说明书、申请批准有关发明的其他类别的文件等。中国专利法保护的发明创造有三种：发明专利、实用新型专利、外观设计专利。它们有助于保护知识产权，确保发明人或创新者享有其创新的独家权利，从而鼓励创新和技术进步。此外，专利档案还可以用于监测市场竞争、解决知识产权争议、引导研发投资和促进技术交流。因此，维护和管理专利档案对于知识产权管理和创新生态系统的健康发展至关重要。

第十九，税务档案。税务档案是指与纳税和税收相关的文件、记录、数据和资料的集合。这些档案包括有关个人、企业或组织的纳税情况、税收申报、税款支付、税务审计和税收合规性的信息。税务档案指从事税收征收的机关在与各纳税户发生工作联系中形成的原始记录材料。它们用于记录税务事务，确保纳税人合法遵守税法规定，同时也用于税务审计、税务争议解决和合规性监督。维护和管理税务档案对于财务透明度、税收征管和税收政策制定都至关重要。

第二十，房地产档案。房地产档案是指房地产行政主管机关的产权管理部门在进行房地产产权登记、产权调查、产权变更等房地产权属管理活动中形成的归档保存的历史记录性文献，可为产权管理、解决产权纠纷提供服务。

第二十一，城建档案。城建档案是城市建设档案的简称，是指在城市行政辖区范围内进行城市建设的规划、设计、施工、管理和科学研究等活动中形成的，具有一定价值的各种档案。城建档案的范围包括城市基础设施、城市土地整治、城市生产性设施、城市金融商贸设施、城市科教文卫娱乐旅游设施、城市居民住宅以及城市规划、建设及其管理的规章制度等。城建档案的特点是涉及面广、服务面宽、专业性强。城建档案的主要作用是：能够反映城市建设真实的历史面貌，为单项工程的建设和整个城市的规划、建设及其管理提供档案服务，减少盲目性。

第二十二，涉外项目档案。涉外项目档案是合资企业在创建和发展过程中形成的，具有一定价值的原始记录性文献。这种档案是我国改革开放后产生的新类型，它具有一定的期限性、经济性等特点，合作期满后或自行解体，或留归中方，保存这类档案可供日后凭证参考；同时，随着对外开放的扩大，三资企业与国内外企业、经济组织之间的纠纷日益增多，利用这种档案可保护经济利益，挽回或减少不必要的经济损失。

第二十三，金融档案。金融档案指金融部门的定期资金形势分析报告，信贷、现金计划执行情况分析、信贷部门的各种市场调研报告、各类企业供销报表、储蓄部门的储蓄存款结构、额度变化，贷款企业报送的各种财务报表、产品供销资料等。这些档案宏观上能为政府经济部门制定经济政策、调整行业结构等提供参考；微观上对企业指导生产、安排供应和银行搞好信贷资产经营有很大作用。

第二十四，商标档案。商标档案是工商行政管理部门在商标注册及管理活动中形成的，有一定价值的历史记录性文献。包括商标的图样和在商标注册、管理工作中形成的文字材料。商标档案是具有法律意义的专门档案，是确立和保护注册商标专用权的凭证和依据，是维护社会经济秩序、促进社会商品经济发展的有力工具。

此外，还有公安部门、安全部门、司法部门等形成的档案以及广告档案、生活档案、学籍档案、婚姻档案、指纹档案、基因档案、股票证券档案、明星档案、诚信档案等类型。社会上各种机构、各个部门、各种活动都会产生和形成档案。

第三节　档案的价值与作用

一、档案的价值

档案的价值是指档案的利用价值，是档案能够满足社会需求的表现。当档案的原始记录性或知识信息性能够满足某个方面的社会需求时，就形成了档案的价值。

（一）影响档案价值的决定因素

决定档案价值的因素有许多，归纳起来有两个方面：①主体因素。主体因素，是指档案利用者的需求。②客体因素。客体因素，是指档案本身的有用性（价值性）。承载知识、信息的档案材料可以满足人们的各种需要，这种客体对主体需要的满足表现出档案价值的属性。档案价值的实质，是档案对社会实践活动的作用，即人们在认识世界和改造世界中的意义。

档案的属性是多方面的，利用者的需要又是各不相同的，因此体现在两者的价值关系上是错综复杂的。古今中外对档案的价值和作用的看法和说法是多种多样的。要真正在实际意义上把握档案的具体价值，则必须从档案自身和社会需要两个方面入手，具体分析档案自身的有用性和社会在什么情况下使这种有用性转化为现实。

（二）档案的价值体现

1. 凭证价值

档案从原始文件转化而来的形成过程，表明其内容是当时当事人活动的真实记录，而非事后编写或制作的材料；它客观地记载了以往的历史情况，是令人信服的证据。因此，档案是人类社会活动留下的原始记录，是确凿的证据，它可以作为人们见证历史的真凭实据，成为人们分辨事实、查证疑案、处理问题的依据。在经营、管理或维护权益的活动中，档案是单位不可或缺的凭证。

从档案的形式特征来看，在形成和处理过程中，出于需要会在原始文件上留下一些标记，如机关或个人的公章，领导人的亲笔批示或签署，当事人的手稿或署名，现场的录音、照片、录像，电子文件的元数据及电子签名等。当文件转化为档案之后，这些标记必然保留于档案载体之上，成为真切的历史标记，可以确凿地见证历史事实。

2. 参考价值

档案不仅记录历史过程和事实，而且也记录人们从事各种活动的意图、思想、数据、成果、得失等。它可以为人们查考既往情况、总结经验教训、研究事物发展规律、从事发明创造、进行宣传教育等提供广泛而可靠的参考。档案的参考价值是人们的工作活动能顺利进行的一个重要条件。我们如果在工作中能够及时利用档案，会起到节约时间和资金、提高效益的良好效果。

3. 经济价值

档案作为历史记录和信息资源，具有潜在的经济价值。档案的经济价值主要体现在以下几个方面：①档案是企业和组织进行经济决策的重要依据。通过对档案的分析和利用，可以了解历史市场情况、行业发展趋势和竞争状况，为制定科学合理的经济决策提供有力支持。②档案是证明企业权益和产权的重要凭证。在商业交往中，合同、发票等档案是维护企业权益的重要证据，也是解决经济纠纷的重要依据。③档案还具有文化价值和经济开发价值。通过对档案的整理和展示，可以推动文化产业的发展，创造经济效益。同时，档案的数字化和网络化也带来了新的经济机遇。总之，档案在经济生活中扮演着重要的角色，其经济价值不可忽视。保护和管理好档案资源，将为社会和经济发展提供有力支持。

4. 文化价值

档案作为一种文化遗产，具有重要的历史、文化和社会价值。它不仅记录人类社会的发展历程和人类智慧的积累，还反映不同历史时期的社会制度、文化传统和思想观念。

（1）档案作为历史文献，是研究历史和文化的重要资料。通过档案可以了解历史事件的发生过程、人物的生平事迹、社会风貌等信息，为历史学家、社会学家、人类学家等学者提供了宝贵的研究材料。

（2）档案还是文化传承的重要载体。档案中保存着不同历史时期的文化遗产，包括文学作品、艺术品、音乐、舞蹈、戏剧等多种形式。这些文化遗产不仅具有艺术价值，还反映当时的社会制度、文化传统和思想观念，对后人的文化传承和认知有着重要的影响。

（3）档案也是社会发展的见证。档案记录不同历史时期的社会制度、政策和法律法规，反映社会变迁和进步的历程。通过档案的研究，可以深入了解社会发展的规律和趋势，为社会管理和发展提供重要参考。

总之，档案的文化价值不仅在于其保存了历史和文化遗产，更在于其对人们认识历史、传承文化和推动社会发展的重要作用。

5. 科学价值

档案具有重要的科学价值，主要体现在以下几个方面。

（1）档案是科学研究的重要基础。档案中包含了大量的历史数据、文献资料和实验记录等，是科学家们进行科学研究的重要依据。通过对档案的梳理和利用，可以发现新的研究视角和实验方法，推动科学研究的进步。

（2）档案是科学教育的重要资源。在科学教育中，档案可以为学生和教师提供丰富的学习资源和教学素材。通过档案的展示和学习，可以增强学生对科学发展的认识和理解，提高科学素养。

（3）档案还是科学史研究的重要依据。通过对档案的梳理和解读，可以了解科学发展的历史背景、研究方法和思想体系等，为科学史研究提供重一要依据。

总之，档案的科学价值不仅体现在科学研究、科学教育和科学史研究等方面，也对科学发展的未来具有重要的启示和指导作用。保护和管理好档案资源，将为科学的进步和发展提供有力支持。

二、档案的作用

（一）重视影响档案作用的发挥条件

第一，社会环境。社会环境包括社会制度、国家的法治情况和方针政策、社会的经济发展水平等，它们对于信息公开的程度、档案作用发挥的程度、方向等都有直接的影响。良好的社会环境能够使档案的作用得到充分地发挥。"档案作为传承社会记忆的重要媒介，在经济文化发展、国家安全以及学术研究等方面发挥着显著的积极作用。"①

第二，人们的档案意识。档案意识是指人们对档案的认知水平。人们若具有较强的档案意识，就会引发利用档案的需求，从而使档案作用得以发挥；档案意识淡薄甚至没有档案意识，即使有利用档案的需求，也难以转换为利用档案的现实行为。

第三，档案的管理水平。档案要依靠管理工作才能发挥作用。档案管理体系健全，方法科学，管理手段现代化程度高，工作质量优良，就能够使利用者方便、快捷、准确地获得所需要的档案或档案信息，从而使档案的作用得以发挥。因此，提高档案管理水平，实现档案管理的现代化，提供优质高效的档案利用服务，是促进档案作用充分发挥的重要条件。

第四，档案保护政策和法规。合规性是发挥档案作用的重要条件。各国都有档案保护政策和法规，规定了档案管理的标准和要求。遵守这些政策和法规对于确保档案的合法性和有效性至关重要。

（二）档案作用的双重性

第一，档案是组织内部管理和决策的重要工具。通过档案记录和保存组织内部的各种信息和数据，可以方便组织内部的沟通和协作，促进信息共享和知识传递。档案还可以帮助组织进行历史回顾和总结，为未来的决策提供参考。

第二，档案是社会公众获取历史信息和了解组织的重要途径。通过档案的开放和共享，社会公众可以了解到组织的发展历程、业务活动、政策法规等信息，增强对组织的信任和认可。同时，档案也可以为研究者提供重要的研究素材，促进学术研究和知识创新。

（三）逐渐递减档案的机密程度

保密是指档案准许利用的范围和利用程度，在这方面我们应该按照国家的有关规定执行。一些现行文件具有机密性。当文件转化为档案之后，为了维护国家、单位及个人的政治、经济利益，对具有机密性的档案仍须采取保密措施加以管理。随着时间的推移和条件的变化，档案的机密性也会发生变化。一般来说，档案机密性的逐渐弱化是一个总的趋势，表现为档案机密性的强弱与档案保管时间的长短成反比。档案管理者应该善于利用档案机密程度递减律，依法逐渐扩大档案的开放范围，广泛实现档案的价值。

---

① 张倩. 社会记忆视角下家庭档案价值实现研究［D］. 哈尔滨：黑龙江大学，2022：1.

（四）促进档案方向的多元化趋势

文件转化为档案以后，不仅从主要发挥现行效用转变为主要发挥历史查考作用，而且发挥作用的方向也会发生一些变化。原始文件成为档案后，发挥作用的方向则可能超越其形成的工作目的或用途，扩展到其他领域。比如：员工名册、账册、房地产契据可以作为研究社会或经济问题的资料；修筑铁路的技术图纸可以作为边界谈判时维护国家领土完整的证据；领导讲话等文件可以成为宣传教育的素材等。

了解档案作用从形成者向社会扩展的规律和作用方向的多元化趋势，有助于我们在对文件进行鉴定时全面地评估档案的价值，准确地为本单位和国家挑选和留存档案。

第四节　档案的事业高质量发展

一、推进电子文件的规范化发展

新时期档案信息化工作，更加重视与数字中国等国家战略的衔接。在深入推行文件管理数字转型的进程中，政务支持是关键的战略方向。

第一，建设健全与数字政府相配套的数据基础。着力推动元数据统一标准的研究和制定，以规范电子文件的生成、归档和电子档案的管理与利用。

第二，除要建立配套的数据基础外，档案主管部门还有必要探索创新管理体制与运作机制。例如为各地电子文件的规范管理设置具体日程，在统一的战略框架下，全面部署电子文件的管理和长期保存系统，完善配套的软硬件资源。

二、构建特色教育与职业发展体系

第一，重视档案专业教育。在档案教育中兼顾理论学习和实践应用，鼓励档案行业与高校开展密切合作，明确社会对档案人才的定位和需求，改进档案专业教学方针和内容，在条件允许的情况下参与建设档案学专业型硕士培养，助力构建新时代中国特色档案学教育体系。

第二，完善档案工作者的培训和考核机制。我国档案行业可以引入专业的技能目标设置，建立分级培训机制，加强继续教育，为在岗人员提供多方位、成体系的职业培训。

第三，进一步深入利用高质量服务。为了使人们更方便快速地查询档案，本土档案机构持续增强档案的数字化质量，打造出数字样板档案机构。另外，服务措施进行改革，对机关团体、组织及档案机构联合推进档案解密开放审核体系的构建加以研究，强化档案服务窗口工作，主动和全国档案查找运用服务平台相链接，为更多的人提供档案查询服务。

第四，重视档案工作者的职业发展，激发其职业热情。为档案工作者设计清晰的职业发展路径的策略，优化档案工作者的职务晋升或职称评定机制，建立健全档案人才评价体系，激励档案工作者提升专业能力和领导力。

三、提升社会影响力

人民群众生活水平不断提高，对档案开放利用以及高质量服务的需求变得更加迫切。继续推进档案开放利用、提升档案服务利用水平，既是我国档案事业未来发展的主要任务之一，也是世界档案事业的主要发展方向，我国档案行业可从减少档案利用障碍和宣传档案利用两方面综合推进。

第一，除了继续依法开展档案鉴定开放工作、建立健全档案开发利用的规范和标准之外，我们可以通过完善基础设施、搭建档案利用平台的方式减少档案利用障碍。例如，利用数字化手段，着力突破人力、空间的桎梏，为档案远程利用、异地查档、跨馆查档提供技术和平台支持。

第二，积极了解档案需求，宣传档案文化。可以从以下几点着手：①加大与各类型用户和单位的互动，我国档案机构（室）可以通过活动的形式了解本地区、本单位的档案利用需求。中国档案事业服务领域需要完成由"国家模式"向"社会模式"的转型，提升科技、文化、民生等领域的档案服务，以社会需求为导向加大民生档案开放利用的力度；②构建多元的合作伙伴关系，加强资源共建共享，改善档案机构的社会形象，扩大档案事业的社会影响力；③针对多元主体开展的宣传活动，面向不同对象有针对性地制定宣传策略和宣传材料。

四、拓宽数字道路

第一，加快数字化原生档案的采集和保存体系的建设。在数字化时代，档案资源的数字化已经成为趋势。为了保护和保存珍贵的档案资源，应该加快数字化原生档案的采集和保存体系的建设，包括建立数字化档案库、制定数字化采集标准、加强数字化档案保存和管理等。

第二，利用先进技术改善档案加工和管理流程。大数据、人工智能等相关技术的应用可以改善档案加工和管理流程，探索崭新的业务范式。例如，利用人工智能技术进行智能分类、智能检索、智能鉴定等，提高档案加工和管理的效率和质量。

第三，加强档案服务的智能化、数据化、可视化技术的应用。应该着力推动智能化、数据化、可视化技术在档案服务中的应用，建立具有中国特色、全球引领的档案特色服务模式。例如，利用数据分析和可视化技术，将档案数据转化为图表、动画等形式，方便用户理解和利用。

第四，全面融合图、档、文、博、美以及社会力量，打造跨行业、跨领域的展示和利用平台。应该融合不同领域的内容和资源，打造跨行业、跨领域的展示和利用平台，满足人民群众日益增长的文化需求。例如，建立数字记忆平台，整合不同领域的文化遗产资源，为用户提供全面的文化体验和利用服务。

总之，档案事业的高质量发展需要不断推进数字化建设，利用先进技术改善档案加工和管理流程，加强档案服务的智能化、数据化、可视化技术的应用，全面融合不同领域的内容和资源，满足人民群众日益增长的文化需求。

第二章　档案的工作流程

第一节　档案的获取与收集工作

一、档案的获取工作

（一）明确档案来源

档案的获取工作是管理和保护信息的重要环节，它涉及收集、整理和保存各种类型的文件和记录，以便将来查阅和使用。在进行档案获取工作时，需要明确档案的来源，这步骤至关重要，因为它决定后续工作的方向和策略。

明确档案来源意味着确定档案的产生或生成地点，以及相关档案的创造者或管理者。这对于建立档案的完整性和可追溯性至关重要。档案的获取要注意以下方面。

第一，部门或机构。档案通常由特定的部门或机构创建和维护。在开始档案获取工作之前，必须确定这些部门或机构，以确保能够联系到他们获取必要的档案。

第二，责任人。每个档案的生成和管理都有相关的责任人。明确这些责任人有助于建立联系，了解他们的需求和要求，以确保档案的获取过程能够顺利进行。

第三，存储位置。确定档案存储的物理位置和电子存储系统非常重要。这可以包括文档存档室、服务器、云存储等。了解存储位置可以帮助确定获取档案所需的访问权限和手段。

第四，法律和合规要求。了解与档案来源相关的法律和合规要求非常重要。某些档案可能受到隐私法、知识产权法或其他法规的保护，特殊处理。

第五，获取许可和权限。获取档案通常需要相应的许可或权限。这可能需要协商、签署协议或获得许可证。确保在获取档案时遵守法律和政策是绝对必要的。

一旦明确了档案的来源，就可以制订适当的获取计划。这可能包括与相关部门或责任人的沟通，确定获取时间表，安排必要的人员和资源，以确保顺利获取所需的档案。此外，建立良好的沟通和合作关系也是确保档案获取工作成功的关键因素，因为涉及多个利益相关方。

(二) 把握获取方向

把握获取方向，是档案获取工作中关键的一步。把握获取方向，首先要了解档案的内容和形式特征，确定获取的重点和方向。例如，对于历史档案的获取，需要重点收集反映历史事件、人物、社会情况等方面的档案资料；对于科技档案的获取，需要重点收集反映科技成果、科研项目等方面的档案资料。在确定获取重点和方向时，还需要考虑档案的特点与价值。

在把握获取方向的基础上，需要制订相应的获取计划和方案。具体的获取计划和方案可以包括：①确定获取的范围和渠道。根据确定的获取重点和方向，确定需要收集的档案范围和收集的渠道。②确定获取的时间和地点。根据档案的来源和特点，确定获取的时间和地点。③确定获取的方式和方法。根据档案的实际情况，确定适合的获取方式和方法，如征集、收购、寄存、捐赠等。④确定获取的费用和预算。根据获取的范围、时间、方式等因素，确定获取的费用和预算。

总之，通过科学的获取方向把握，可以更加有效地获取到完整的、有价值的档案资料，为后续的利用和保管提供保障。

(三) 使用获取方法

第一，确定获取需求。在选择适当的获取方法之前，需要明确组织的获取需求。这包括确定需要获取的文件类型、数量、频率以及获取的目的。这个过程可以通过与各个部门和利益相关者进行紧密合作来完成，以确保档案的获取满足实际需求。

第二，纸质档案获取方法。对于纸质档案，选择适当的获取方法至关重要。最常见的方法包括定期巡检、索引系统和索取请求。定期巡检涉及定期检查和维护纸质档案，确保其完整性和可访问性。索引系统则可以帮助记录档案的位置和状态，以便快速检索。索取请求是员工或其他利益相关者提出的档案获取请求，应根据政策和程序进行处理。

第三，电子档案获取方法。对于电子档案，获取方法可能包括使用文件管理系统、数据备份和检索工具。文件管理系统可以帮助组织有效地管理和存储电子档案，确保其安全性和可访问性。定期数据备份是确保数据不丢失的关键步骤，同时检索工具可以帮助用户快速找到所需的电子档案。

第四，数字化转换。将纸质档案转化为电子格式是现代组织中越来越常见的获取方法。这可以通过扫描和数字化技术来实现。数字化转换可以提高档案的可访问性，并减少纸质档案的占用空间。然而，在进行数字化转换时，需要考虑数据安全和合规性问题。

第五，自动化获取方法。自动化获取方法利用自动化技术来定期获取和更新档案。这可以包括自动数据抓取、传感器技术和自动化索引系统。自动化获取方法可以提高效率，减少人工干预，并降低错误发生的风险。

第六，合规性和安全性考虑。在选择获取方法时，必须考虑合规性和安全性问题。某些档案可能包含敏感信息，因此必须采取适当的措施来确保其保密性和完整性。同时，遵守法规和政策也是非常重要的，以防止潜在的法律风险。

第七，培训和意识。无论选择哪种获取方法，都需要为员工提供培训和意识教育，以确保他们正确地执行档案获取工作。这将有助于减少错误和提高档案获取的效率。

（四）接收现行机关的档案

第一，接收的范围。我国各级档案馆接收档案的范围是：各机关、团体及其所属单位具有永久保存价值的档案，省辖市（州、盟）和县级档案馆同时接收长期保存的档案。

第二，接收的期限。根据现行相关的规定，列入省综合档案馆接收范围的档案自档案形成之日起满20年，向省综合档案馆移交；列入自治州、设区的市、地区和县综合档案馆接收范围的档案，自档案形成之日起满10年，向当地综合档案馆移交。

第三，接收档案的要求和手续。档案馆在接收档案时要遵守如下要求：进馆档案应保持全宗的完整性，并按规定整理好；立档单位编制的组织沿革、全宗介绍和有关检索工具应随同档案一起接收；交接双方必须根据移交目录清点核对，并在交接文据上签名盖章。

（五）档案馆接收撤销机关的档案

在社会活动中，经常会发生单位调整、变动等情况，"撤销机关"由此而出现。一个单位撤销了，意味着其活动的终止；然而，"撤销机关"在历史上是客观存在的，其历史面貌应该保留。

机关撤销或合并必须将本机关的全部档案进行认真整理，妥善保管，不得分散，并按下列办法进行处理：①撤销机关的档案，应向有关的档案馆进行移交或由有关主管机关代管。②机关撤销的业务分别划归几个机关的，其档案材料不得分散，可由其中一个机关代管或向有关的档案馆移交。③一个机关并入另一个机关或几个机关合并为一个新的机关，其档案材料应移交给合并后的机关代管或向有关的档案馆移交。④一个机关内一部分业务或者一个部门划给另一个机关接收，其档案材料不得带入接收机关，如果接收机关需要利用，可以借阅或者复制。⑤机关撤销或者合并时，没有处理完毕的文件材料，可以移交给新的机关继续处理，并作为新的机关的档案加以保存。⑥一个机关改变了领导关系，在其工作活动中形成的全部档案仍属原来的全宗，实行集中统一管理。

各种临时工作机构撤销时，其档案应向有关的主管机关或档案馆移交。

二、档案的收集工作

档案收集就是接收和征集档案的意思,档案收集工作就是按照规定,通过例行的接收制度和专门的征集方法,把分散在各机关、部门、个人手中和散失在社会上的档案,集中到机关档案室和国家档案馆进行科学管理的一项业务环节。"档案收集作为档案管理工作中最关键的一个环节,是档案管理工作的起点,也是档案管理的基础,其质量高低直接影响档案管理工作的整体效果。"[①]

收集工作是档案部门取得档案的手段,是开展其他业务活动的基础。以档案室为例,档案室是按照接收归档的文件和进行必要的零散文件的收集。档案室收集工作是按照归档制度的要求,定期接收本单位文书部门和业务部门移交的经过系统整理的归档文件。档案室的收集工作包括接收本单位归档的文件和收集未及时归档的零散文件两个方面的内容。其中,文件归档是档案室收集档案的主渠道,零散文件的收集则是一种补充的形式。

(一) 文件归档

文件归档是指各单位处理完毕的具有保存价值的文件,经文书部门或承办部门整理立卷后,定期向档案室或档案人员移交的过程。在一个具体的单位中,文件归档是一项涉及文书部门和档案部门两个部门的工作。文书部门在文件归档中要做的工作是对处理完毕的文件进行鉴定和整理;档案部门在文件归档中要做的是接收文书部门移交的案卷。

单位各部门办理完毕的文件是档案室档案的主要来源,建立健全单位内文件材料的归档工作制度是档案部门开展档案收集工作的主要途径。档案室接收归档文件要检查移交目录与归档文件是否相符,审核归档文件是否齐全完整、系统规范,履行交接手续。

(二) 零散文件的收集

零散文件主要指单位在收集工作中未及时归档的文件。出现零散文件的原因主要有:一些会议文件、内部文件由于未经收发文登记而在归档时容易出现遗漏;一些承办部门或工作人员未及时交回文件等。由于多方面的原因,单位即使建立了归档制度,开展了正常的归档工作,也难免出现零散文件的现象。对此,档案室和档案管理人员应开展零散文件的收集工作。

收集零散文件可以采取下列方法:①根据单位内部结构调整、领导干部职务调动、工作人员岗位变动等情况,收集散存在承办部门或人员手中的文件;②结合单位的管理评估、安全检查等活动,清理和收集文件;③通过编写单位大事记、组织沿革等参考资料,

---

① 杨洁. 中小学档案收集工作有效性研究 [J]. 兰台内外,2022,(27):76-77.

有针对性地收集一些散存的文件。

(三) 档案室收集工作的职责

档案室或档案管理人员只是负责验收案卷,但为了齐全完整地将档案集中到档案部门,档案室或档案管理人员不仅需要关注文件归档的结果,更重要的是需要关注和参与文件的形成、运行、立卷归档的全过程。

1. 监督文件的形成过程

文件的形成是归档的源头。在实际工作中,单位不仅要力求将已经形成的具有保存价值的文件收集齐全,而且还应该注意文件在形成和处理过程中的情况。注意了解本单位是否建立了电话记录制度、会议或活动的记录制度、文书工作制度是否完善等情况,这样才能发现本单位在文件形成和管理过程中存在的问题,并向有关部门或领导反映,提出改进的建议。

2. 指导文书部门的归档工作

档案室或档案管理人员对文书归档的业务指导工作包括如下内容。

(1) 指导和协助文书部门或业务部门明确归档责任者。文件材料归档责任定在哪一级,可根据机关的大小、内设机构的复杂程度和文书处理方式来合理选择。一般来说,机关单位内设机构层次复杂,文书处理多采用分散方式,因此,归档工作也相应地采取分散方式,即由各个二级机构收集整理后汇集到其上级主管部门统一向档案部门移交。机关单位内设机构层次较少,文书处理多采用分散和集中相结合的方式,因此,归档工作相应采取分散和集中相结合的方式,即由办公室或文书部门负责综合性文件材料归档工作,各业务部门负责其职能活动中形成的文件材料的归档工作。小型机关单位内设机构简单,文书处理多采用集中方式,因此,也相应采取集中归档的方式,即由办公室或业务部门统一收集、集中整理归档。

(2) 指导和帮助文书部门或业务部门恰当确定某些文件材料的归档分工。为了避免文件材料的重复归档或遗漏归档,应对文件材料归档责任予以明确的规定。

凡是机关单位自己形成的文件材料,按党政分开的原则,党组织的文件材料由党组织的办公室和各个工作部门负责收集整理归档;行政机关形成的文件材料由行政办公室和各职能部门负责收集整理归档;党政联合发文则由文号所属部门归档;几个部门联合发文则由第一责任部门或主要责任部门负责归档,也可指定其中的一个部门负责归档。

外来文件材料,如属党政机关来文则由相应的党政部门负责归档;如属业务主管机关来文则由对口业务部门负责归档。其他文件,可由档案部门与有关部门协商明确归档责任。

指导和协助归档责任部门编制归档文件类目，督促责任部门做好平时文件收集工作。归档文件类目是事先编制好的归档计划，它由文件材料类别和条款组成，每一个条款形成一组文件材料（归档时可将其组成一个或若干个档案盒）。

第二节 档案的分类与整理工作

一、档案的分类工作

档案分类工作是指将组织机构或个人的文件、资料、记录等按照一定的规则、标准和体系进行分类和整理的工作。这些文件、资料、记录包括纸质文件、电子文件、照片、录音、录像等不同形式的信息。它们需要按照一定的规则和标准进行分类，以便于管理、查找和使用。为了便于档案分类工作的顺利进行，在选定了某种分类方法后，应编制档案分类方案，它是对档案进行分类的依据性文件。

档案分类方案，是标列各个类目名称，表示全宗内档案分类体系的纲要，所以又称分类大纲。一个单位的档案分类方案，实际上就是该单位全部档案的总类目表，通过它可以了解掌握一个单位档案的基本情况。

编制分类方案时，除了要有系统的分类表，应撰写分类方案编制说明。即对分类方案的编制依据、分类标准以及类目代号的确定、分类方案的使用等给予必要的说明，以利于在分类方案的具体实施过程中起指导作用。为了做好单位档案的分类工作，各单位都应根据自己的实际情况，制订相应的档案分类方案。一般而言，分类应保持前后一致，不能随意变动。因档案形成的基本内容或载体发生重大变化，可适时对原有分类方案进行修订。档案分类方案的编制方法和步骤如下。

第一，了解和掌握馆（室）藏档案的内容构成和形成特点。把握本馆（室）藏档案的内容构成，熟悉其形成过程和特点，这是科学进行档案分类的前提和要求。这不仅要求对已有档案成分的历史演变，还要对今后的发展变化作出有效预测。

第二，设置分类方案一级类目（即大类）。一般而言，分类方案中一级类目的设置与本单位涵盖的档案基本种类相一致。一级类目的设置数目不能太多，也不能太少，要根据实际情况设置恰当的量，以最大限度达到便于保管和查找利用为宜。

第三，对每一大类档案进行细分。根据分类基本原则（如排他性、均衡性和包容性原则），对每一大类档案进行细分，确定每一层次具体的分类标准、分类方法和分类深度，对每一大类档案设置若干属类，视情况在属类下再设若干小类。

第四，赋予各级类目代字、代号。对各级类目用固定的代字或者代号给定分类标记，并将类别和类系组成的类目体系用文字叙述或图表形式表达出来，形成系统的分类体系表。

二、档案的整理工作

（一）档案整理原则

1. 遵循文件形成的客观规律

由于单位的职能活动产生的文件有其自身的规律和特点，文件保持了相互之间的有机联系就有助于反映单位职能活动的历史面貌，同时能满足人们查找利用档案的期望。所以在进行归档文件整理时，要遵循文件形成的客观规律，保存文件之间的有机联系。

（1）文件材料形成过程的规律。文件的形成不是任意的，是单位工作活动的客观自然的反映，形成了自身的规律和特点。所谓档案自然形成的规律包括以下基本内涵：①档案是在社会实践中自然形成的，档案不能随意编写。强调"自然形成"是有其众所周知的历史背景的。②档案的形成与运动经历了三个不同的阶段，即档案室前阶段、档案室阶段、档案馆阶段，不同阶段文件的服务对象不同。③在档案收集、整理过程中，必须保持其历史联系，要坚持按全宗管理档案的原则，在一个全宗内又要按照形成档案的组织机构或其他内在联系对档案进行分类、整理和组合。

（2）文件材料在形成过程中的联系。文件之间联系，就是文件在产生和处理过程中所形成的内部相互关系。鉴于档案是历史文件的系统积累物的特点，我们对其内在的各种联系着重表述为"文件之间的历史联系"，它包含着逻辑和历史的统一。遵循文件形成的客观规律，保存文件之间的有机联系，在档案整理方面的启示和体现就是充分利用文件原有基础。包括：①充分地重视和利用先前的整理基础，以确定档案整理的任务和要求，不要轻易打乱重整。②在整理过程中，应该充分研究和利用原来整理的成果，不要轻易破坏以往整理和保存的历史状况。

2. 区分文件材料的不同价值

区分文件材料不同价值的工作，就是指文书档案的鉴定工作，即档案室（馆）按照一定的原则、标准和方法，判定档案的价值，确定档案的保管期限，剔除失去保存价值的档案并加以销毁，将具有保存价值的档案加以保存的工作。

3. 整理后的文件材料便于保管和利用

当然，保持文件之间的历史联系，不是整理档案的主要目的，所以不能为联系而联系；便于保管和查找档案，才是档案整理工作的基本出发点和最终要求。便于保管和利用总的说来就是恰当地保持文件之间的联系，整理出的档案，更能便于保管和利用，所以保持文件之间的历史联系和便于保管利用基本上是一致的。

整理档案是一项复杂细致的工作，同样是在保持联系的情况下，往往可以有各种不同的具体做法。在整理档案时，特别是在保持文件之间的联系和便于保管利用发生矛盾的时候，不能机械地运用保持文件联系的原则，要充分考虑档案保管和利用的方便。因此，对于不同种类的档案，或记录方式、载体材料、机密程度和保管价值等显然不同的文件，应根据情况分别整理，恰当地组合，而在相应的范围内要求保持文件最优化的联系。

（二）档案整理方法

1. 档案整理的单位演变

档案由单份文件构成，把单份文件组合成案卷称为立卷（或组卷）。传统上以"卷"为单位，改革后以"件"为单位。于是，产生了文书档案整理的两种方法，即以"卷"为单位的和以"件"为单位的整理方法，或称按"卷""件"整理。

（1）案卷。案卷是由来源、时间、内容和外形上互有联系的若干文件组合而成并放入卷夹、卷皮的档案保管单位。一个案卷包括案卷封面、卷内文件目录（归档文件目录）、卷内文件（案卷正文实体内容）、卷内备考表等组成部分。

（2）件。一般以每份文件（自然件）为一件。关于"件"的定义，须注意以下几种情况：文件的正本与定稿为一件；重要文件（法律法规等）的正本与历次修改稿可为一件或各为一件；正文与附件为一件；正文与重要文件、处理单、发文稿图纸、签批条等为一件；原件与复制件为一件；转发文与被转发文为一件；报表、名册、图册等按其原来的装订方式，一册（本）为一件；来文与复文可视为一件。

总之，为了免除烦琐、复杂的组卷过程，取消案卷，界定"件"的概念，从检索的实际需要及减轻工作量出发，实现文件级管理。装订以"件"为单位进行，对装订材料不做统一规定，只要符合档案保护要求即可。取消案卷、卷内文件两级目录，只编以"件"为单位的归档文件目录。以件（份）为单位装订，不用拟写案卷题名，跨盒编流水件号，不编页号，只记页数。归档文件直接装盒保管，档案盒的项目设置有了较大的变化。无须撰写案卷题名和填写案卷封面，只需填写盒脊。当然，以"件"为单位的整理方法需要网络和计算机辅助才能提高其检索效率，有一定的系统依赖性。

2. 档案整理的最终成果——全宗

"全宗"的字面意义，就是全部卷宗。全宗是档案的基本分类和管理单位，指一个国家机构、社会组织或个人形成的具有联系的档案整体。通常情况下，一个独立从事活动的单位，如一个机关、一个企业、一个学校形成的全部档案应该组成一个全宗。

（1）全宗的类型划分。

第一，组织全宗。一个独立从事活动的单位，如国家机关的部、局、厅，一个工厂、学校，所形成的档案应该组成一个全宗；机关内部的组织机构，如业务处、科、室，所形成的档案则作为相应的全宗的组成部分。形成全宗的机关单位称作"全宗构成者"，又称"立档单位"。立档单位的主要标志是他们在工作上、组织上和财务上是否具有一定的独立性。一般具备下列条件的机构就是立档单位：可以独立行使职权，并能主要以自己的名义单独对外行文；设有会计单位或经济核算单位，自己可以制订预算或财务计划；设有管理人事的机构或人员，并有一定的人事任免权。

第二，个人全宗。个人全宗又称人物全宗，一个人一生无论身份、政治立场如何变化，只构成一个全宗。

对档案馆而言，只有那些对社会有突出贡献或重要影响的个人，其档案才可能成为一个实际的个人全宗，即只有名人的档案才可能成为个人全宗。一个人物全宗的全部档案，大致可以分几类：传记材料、创作材料、公务活动材料、个人书信、经济材料、亲属材料、评价材料、音像材料等。

（2）了解全宗编号的方法。全宗编号的方法主要有以下几种。

第一，大流水编号法。大流水编号法又称顺序流水编号法，即一个档案馆对其所有全宗按进馆顺序用自然整数由小到大顺序编号，第一个进馆的全宗就编为1号，第二个进馆的全宗就编为2号……这种编号方法的优点：一是简便实用，且符合唯一性和系统性要求，二是全宗号同时反映全宗进馆的先后顺序和全宗数量。

第二，体系分类编号法。这种方法按某种逻辑框架，将档案馆所收藏的全部全宗构造成一个逻辑类别体系。每一逻辑类别层次中的具体类别都有一个固定的代号（类号），只有最小的类别代号后面的号码才是该类中具体全宗的固定顺序号。这样，每个全宗号实际上都成了一个由几位数构成的号码，且每一位数都有其特定的逻辑含义。

第三，分类流水编号法。这种方法是上述两种编号方法结合使用的产物，比较适合于规模较大、全宗类型头绪较多的档案馆。具体编法是先将馆藏全宗划分为两个或几个大类，并以固定的代字或代码作标志，然后在各大类中按进馆顺序流水编号。

3. 检查文件收集情况

（1）检查文件是否齐全完整。"齐全"是指将应归档的文件材料都收集进来。"完整"是指收到的文件材料内容完整、正确，不能缺张短页。例如，发文是否同时具有文件正本和定稿，各种反映单位基本情况的年报、名册、会议记录，有关本单位机构设置、人事任免、调动和福利等方面的材料是否收集全。

（2）检查文件归档的范围。不属于本机关、本部门归档范围的应剔出；同时，要看是否属于本年度的，不属于本年度的应转出归入相应的年度。

4. 准备好整理必需的用具和软件

（1）档案装具。为了保证以后向档案馆移交的档案规范统一，各立档单位必须使用区档案馆统一监制的档案装具，包括各种档案的卷盒、目录、装订线和归档章等。

（2）装订工具。所有归档文件的装订，不得使用金属钉和不耐久的尼龙线、塑料线，必须使用经过消毒处理的档案专用棉线。整理前要购置一些取钉器、白纸、无粮糨糊，以及档案装订机或手持电钻（适用于传统方法）和一台档案装订专用缝纫机（适用于新方法）。

（3）档案管理软件。随着办公自动化和档案管理现代化的推进，现在一般规定在向档案馆移交纸质档案的同时都必须移交与纸质、照片和声像档案相对应的机检目录和电子档案。各立档单位在归档时必须购买和使用统一的档案管理软件进行录入管理。

5. 整理（立卷）说明的撰写

（1）了解什么是"整理（立卷）说明"。"整理（立卷）说明"，就是在归档（立卷）工作告一段落后，为了便于向档案室移交，方便日后的保管和利用，对机关当年的职能活动、整理（立卷）情况和文件材料的大体内容作出的叙述式的文字简介，其形成的文字材料就是整理（立卷）说明。整理（立卷）说明侧重对立档单位当年的工作概括和整理（立卷）情况的说明，"案卷文件目录"侧重于立档单位当年形成的文件内容和成分情况的说明。

（2）掌握"整理（立卷）说明"的具体内容。根据"整理（立卷）说明"本身的要求，编写"整理（立卷）说明"大体包括立档单位工作活动情况和立卷、归档基本情况。具体内容应包括以下几个方面。

第一，工作概括。要立足于本机关，反映本单位主要职能活动；要写明一年来立档单位的主要活动情况，做了哪些具体工作及其生成的数据。

第二，机构变化。立档单位的组织机构及内部分工机构如有变化要求写明（如机构何时成立、更改名称、改变隶属关系等）；内部分工要求写明具体的分工内容。

第三，人事任免变动。要写明一年来立档单位主要领导干部职务的任免、调离、招聘或解聘、奖惩的具体内容和具体人次。

第四，立卷、归档的基本情况。具体包括：①案卷数量：注明本年度形成案卷的数量（包括永久、长期、短期卷的数量）。②归档范围：案卷所包含的文件材料的内容、形式。③立卷（归档）方法：说明根据什么特征组卷（如时间特征、问题特征等）。④立卷（归档）组织和立卷（归档）时间：注明哪些案卷由哪个具体部门立卷（归档），有利于责任明确。注明立卷（归档）日期。另外，档案的存放情况也应注明。

（3）掌握"整理（立卷）说明"的编写原则。"整理（立卷）说明"的编写核心原则是：用事实和数据说话，真实全面反映本单位的本来面貌，按照本单位各种活动的开展情况和整理（立卷）情况客观地加以记述。

第一，真实地反映本单位的本来面貌编写"整理（立卷）说明"的目的，就是为了日后方便查找每年本单位的主要活动情况，提高利用效率。所以，档案工作者要实事求是，抱着对社会、对历史负责的严肃态度，忠于职守，让本机关的面貌真实地展现在人们的面前。

第二，按照本单位各种活动的开展情况和归档（立卷）情况客观地加以记述，编写"整理（立卷）说明"着重客观地记述事实，基础统计数据完整，一般不加评述，它不同于学术论文，无须分析和阐述，只要实事求是地提供事实的脉络。

（4）了解编写"整理（立卷）说明"的步骤和要点基本步骤如下。

第一，材料的搜集。这是编写的前期准备工作，也是关键性的工作。编写前要有针对性地广泛收集所需要的材料，它要求档案工作者平时注意积累材料，充分地占有材料。具体包括立档单位当年的人员编制，机构设置和变动，人事任免，主要任务和职能，重大业务活动和中心工作等方面的文件。

第二，对搜集来的材料要进行严格挑选和考证。只有充分地占有材料，才有选择余地，严格挑选，去粗取精，去伪存真，坚持一切从实际出发，实事求是。只有这样，才能如实地反映事物的本来面貌，确保整理（立卷）说明的可靠性和真实性。

第三，摘抄的内容要简明扼要，详略得当，文字表达要准确无误，数字表达要确切，尽量不用大概、大约之类不确切的字词。

第四，系统条理，脉络清楚，要给人以条理清晰之感。先编初稿，经立档单位负责人审核后再定稿打印。

第三节　档案的存储与保管工作

一、档案的存储工作

（一）档案存储工作的意义

第一，档案存储是记录人类发展、社会发展的重要手段，它能保留下来历史的发展轨迹，承载着无数的故事、记忆和经验。通过档案存储，我们可以了解过去的成果，把握现在的发展，展望未来的方向。

第二，档案存储工作对于单位或组织来说也是不可或缺的。每一个单位或组织都会在发展过程中产生大量的档案资料，这些资料记录单位或组织的发展历程、取得的成果以及存在的问题等。档案存储工作就是对这些资料进行有效的管理，使其在需要时能够被查阅和利用。这对于单位或组织的未来发展具有重要的指导意义。

第三，电子档案的出现为档案存储工作带来了新的机遇和挑战。电子档案具有存储密度大、保存方便等优点，可以节省存储空间，同时也能提高档案的利用率。但同时，电子档案对于存储设备、网络安全等也有着较高的要求，这需要我们不断创新和完善档案存储技术，确保电子档案的完整性和安全性。

第四，档案存储工作是一项具有人文价值的工作。档案是人类文化遗产的重要组成部分，保护好这些文化遗产是我们的责任。同时，通过档案存储，我们可以保留住那些可能会被遗忘的历史和文化，让后人能够了解和继承。

总之，档案存储工作是一项具有重大意义的工作，它不仅对于历史文化的传承有着重要作用，也对现实工作具有指导意义。我们需要高度重视并做好档案存储工作，以保留住珍贵的历史记忆，促进人类社会的持续发展。

（二）档案存储的信息化

1. 存储介质信息化

信息时代的档案工作存储介质发生了很大的变化，从以往的纸质介质转变为数字介质乃至网络介质。相比于纸质介质而言，数字介质，比如磁盘、光盘等的容量更大，且占用空间非常小，不会影响到单位的正常办公。

现在云盘成为文件存储的重要形式，云盘依托于网络，仅须轻轻一点，便可以将单位的档案上传其中，更为高效、便捷。这也使得档案利用者可以随时随地突破时空限制利用档案，提高了档案的传播与利用效率。

2. 利用方式信息化

档案利用是档案工作中的重要内容，也是档案实现自身服务价值的关键环节。信息时代的档案利用工作虽然难以直接展开（档案的存储形态决定了档案检索必须依托于一定的介质，比如电脑），但检索方式却更为便捷，搜索引擎检索、网络检索、光盘检索等都是档案检索的有效手段，不仅准确性高，且确保了检索的全面性。并且，相比于传统的档案利用而言，信息时代的利用方式也更多元，在线阅读、资料下载乃至网络聊天都是档案利用的重要途径，服务效果更为突出。目前，档案部门应主动开展数字档案存储介质研究，制定完善档案存储介质、设备的检测和选择标准，确保数字档案长期安全完整保存。

(三) 常用档案存储介质

第一，磁盘。磁盘是一种常见的磁性介质，通常分为软盘和硬盘。一般指的是传统机械硬盘，由多片覆盖磁性材料的盘片组成，通过磁头从旋转的盘片上读写数据。硬盘已经成为计算机主要存储设备，也是数字档案生成和处理的首要存储介质。它比较适合存储那些需要经常访问的信息。硬盘寿命相对较短，必须定期对数据进行备份。在传统硬盘的基础上产生了移动硬盘和磁盘阵列，提高了磁盘使用的便利性和安全性。

第二，光盘。光盘是继胶片、磁性载体之后又出现的一种信息存储介质。它是以光信息存储数据的载体，利用激光束投射在光盘记录层上读写信息。光盘稳定性较好、成本低廉、适用范围广等特点，成为重要信息载体被广泛使用。光盘不仅是国际标准的存储载体，也是档案部门常用的备份存储介质之一。

第三，半导体。半导体材料的大规模应用带来人类历史上的第三次产业革命，半导体为计算机存储提供了新的载体。半导体存储是一种利用半导体集成电路作为存储媒介的存储器，它具有存取速度快、存储容量大、体积小等优点。现代计算机的高速存储领域中，半导体存储已经逐渐替代了磁性存储。半导存储器是档案存储介质中不可或缺的存储器件，它的发展和创新对于推动整个信息技术领域的发展具有重要意义。

(四) 新存储技术的发展

为了实现大容量、高密度、长寿命的目标，存储行业经过不断探索，使用多种技术方案，在原有基础上研发了一些新型存储介质。

1. 数字胶片

数字胶片是一种新型纳米胶片，用于数字资源存储。数字胶片除了能够把可视化的图像存储在胶片上，还可以不经过数模转换来存储数字数据。

(1) 长期保存。数字胶片的主要应用是长期数字信息保存。它的设计目的是在数十年甚至更长时间内保持数据的完整性和可访问性。这使得它非常适用于文化遗产、历史档案、政府记录、医疗记录等需要长期保存的信息。

(2) 光学存储。数字胶片采用光学存储技术，数据以图像的形式记录在特殊的胶片上。这种光学记录方式使得数据不容易受到电磁干扰、电磁脉冲或其他外部因素的损害。

(3) 高容量。数字胶片可以容纳大量数据，每卷胶片的容量可以达到数TB。这使得它能够存储大规模的数字信息，而不需要大量的物理空间。

(4) 数据恢复。为了访问存储在数字胶片上的数据，需要特殊的光学扫描仪和软件来读取图像，并将其转换回数字数据。这种数据恢复过程是为了确保数据的完整性和可访问性。

（5）安全性。数字胶片具有较高的安全性，因为它不容易受到网络攻击或数字病毒的威胁。此外，由于数据存储在物理介质上，物理安全措施也可以用于保护数据。

（6）应用领域。数字胶片常用于文化机构、博物馆、图书馆、政府机构等需要长期保存和保护重要数字信息的组织。它还可以用于数字存档、数字遗产保存以及其他需要可靠长期存储的场景。

总之，这种技术将感光胶片转变成数字存储介质，是一种新型的电子档案长期保存解决方案。

2. 全息光盘

全息存储技术突破了传统的二维存储，采用超高分辨率三维光存储技术。激光经分光镜分为物光和参考光，两束光相遇发生干涉，使得数据信息以全息图的方式被记录下来。由于参考光入射方向不同，这就将不同的信息重复存储在全息介质的相同位置上，增加了存储容量。读取时，利用相同参数的参考光照射存储介质，将再现出的信号光转变成电信号，以数据页为单位进行读写，有极高的数据传输速率。全息光存储技术被认为是很有前景的一种光存储技术。

3. 玻璃类光存储

玻璃具有透光性好、化学稳定性好等特点，其使用寿命可达千年。目前，已有多种基于玻璃类光存储研制成功。超短脉冲激光是研究物质微观体系的重要工具，飞秒激光就是其中的代表。玻璃存储读取光包含了纳米格栅的方向、激光折射的强度，加上玻璃的三维空间，一共5个维度，这一技术也被称作"五维数据存储"。利用双折射显微镜，可以读取存储信息。"五维数据存储"具有更大的数据存储密度，存储数据量可达360TB，耐热温度更是可以达到1000℃，存储寿命极其稳定。科学家不断推动这项技术的优化发展，这一技术可以在不久的将来得到商用，对存储数字档案极具潜力。

4. DNA存储技术

存储密度高，可实现较短段时间复制大量数据，存储在DNA中的数据还可利用DNA杂交对其进行相似性搜索，在合适的条件下保存时间可达几百年到上千年。DNA存储技术的优点如下。

（1）信息密度。DNA分子可以存储极高密度的信息。由于DNA由四种碱基（腺嘌呤、胞嘧啶、鸟嘌呤和胸腺嘧啶）组成，每个碱基可以编码2个比特的信息。这意味着每克DNA可以存储约260GB的数据。

（2）长期稳定性。DNA分子在适当的条件下可以保持几千年的稳定性，这使得DNA存储成为一种潜在的长期数据存储解决方案，特别适合存储文化遗产、历史档案等长期保存的信息。

（3）抗磁性和电磁干扰。与传统的磁性和电子存储媒体不同，DNA 存储不受磁场或电磁干扰的影响，因此更可靠。

（4）能源效率。相对于大规模数据中心中的传统硬盘驱动器和服务器，DNA 存储技术的能源效率更高，因为它不需要持续的电力供应来保持数据完整性。

（5）制备和读取成本。目前，DNA 存储的制备和读取成本相对较高，需要特殊的实验室设备和技术。然而，随着技术的不断发展，这些成本可能会逐渐降低。

（6）短期应用。DNA 存储技术目前主要用于研究和实验室环境中，尚未广泛应用于商业或消费级数据存储。然而，一些技术公司和研究机构正在积极探索其潜在用途。

（7）数据恢复和访问。读取存储在 DNA 中的数据需要 DNA 测序技术，这是一个复杂的过程。然而，随着生物信息学和 DNA 测序技术的不断进步，这一过程可能会变得更加高效和可行。

5. 蚕丝生物技术

蚕丝存储技术是通过纳米针尖使用红外光对蚕丝蛋白进行操纵，蚕丝蛋白吸收能量后转变成凸起的纳米柱，以达到数字信息的写入。用同一套系统则可实现数字信息的读取。蚕丝存储不会受到强磁场、强辐射、微波辐照等干扰。目前，该团队已用这种技术实现了图像、音频等文件的存储和读取。蚕丝存储不仅可以存储数字信息，还可以存储生物信息，如存储人体 DNA 和血液样本。

二、档案的保管工作

（一）档案保管工作的意义

"档案保管工作是维护档案的完整和安全的具体性工作，是档案基础业务工作的一个重要环节，其中心任务在于采取有效措施延长档案的寿命，保证档案的安全。"[1] 档案保管工作的意义体现在以下方面。

第一，档案保管工作是保障档案安全的必要手段。档案是历史的见证，是人类文明的瑰宝，也是单位或组织的重要信息资源。档案保管工作旨在确保档案的安全与完整，防止档案遗失、损坏、被盗等情况发生。只有确保档案的安全与完整，才能让后人更好地了解历史、认识历史，从历史中吸取经验教训，促进社会的发展和进步。

第二，档案保管工作也是维护历史真相和社会公信力的必要措施。档案是历史的见

---

[1] 谷秀娟，卫明月，孙锡平. 对进一步做好档案保管工作的认识 [J]. 黑龙江档案，2013，(01)：88.

证，它记录人类社会发展的真实历程，是后人了解历史、认识社会的重要依据。档案保管工作旨在维护档案的真实性和可信度，防止档案被篡改或损坏，确保后人能够了解历史的真相。同时，档案保管工作也是维护社会公信力的必要措施，只有确保档案的真实性和可信度，才能让公众对政府和公共机构的信任度得到保障。

第三，档案保管工作对于单位或组织的发展也具有重要的作用。档案保管工作旨在确保这些资料的安全与完整，使其在需要时能够被查阅和利用。这对于单位或组织的未来发展具有重要的指导意义，能够帮助单位或组织总结经验教训，优化工作流程，提高工作效率。

第四，随着信息技术的迅速发展，电子档案已经成为档案保管工作的重要组成部分。电子档案对于存储设备、网络安全等也有着较高的要求。因此，档案保管工作也需要不断创新和完善，确保电子档案的完整性和安全性。

总之，档案保管工作具有重要的意义，它是保障档案安全、维护历史真相和社会公信力、促进单位或组织发展的重要手段。我们需要高度重视并做好档案保管工作，以确保珍贵的历史文化遗产得到有效的保护和利用。

（二）档案保管工作的要求

第一，确保档案的完整性。在档案保管工作中，应该力求保证档案原件的完整与安全。档案原件具有无可置疑的凭证作用。现代复制技术的提高，可以使复制件的仿真程度不断提高。为了节省存储空间和费用，目前一些国家已经有条件地承认了一部分复制件的法律效用。对于这些档案来说，信息的保存与流传甚至比保存原件具有更重要的意义。就目前我国的情况来看，应先下功夫保存好原件，对于那些已经损坏的档案原件则应设法将其以复制件形式保存下去。这样，可以减少原件的机械磨损和其他损坏的可能，从而起到保护原件的作用。

第二，确保档案的安全性。档案保管工作的目的是保证党和国家对档案的利用。因此，不能片面地强调保护档案而不考虑到利用的方便，也不能只迁就一时的利用方便而不顾及档案的保护，影响档案长远的利用。在实际工作中，保管和利用既有具体的矛盾，又有总体的一致性。保管和利用的关系实质上是当前利用与长远利用矛盾的统一。所以，保管工作的各项制度、技术措施等，既要立足长远利用，又要保证当前利用的方便。

第三，确保档案的可读性。寻找科学的保管档案的技术方法是安全地保管档案的关键所在。保管档案的技术方法很多，概括起来，主要有两种：①如何预防档案文件损坏的问题。这里既有人为的因素，也有自然的因素。②档案损坏之后，如何进行处置的问题。比如，追查丢失、破坏或火灾事故的原因和责任，防尘、灭火、防霉、灭鼠、恢复纸张的机械强度、恢复字迹等。在"防"和"治"两个方面，"防"是档案保管工作中的根本问题，是主导方面。防治之间具有相互促进、相辅相成的关系。

第四，确保档案的有效性。对于需要长久保管的档案以及重要立档单位的档案，应该采取措施，加以重点保护，使其既安全又延长寿命。比如，中央档案馆对老一辈无产阶级革命家的一些档案和党中央、国务院的核心档案，采取稳妥措施，使其在最安全、最保险的保管条件下传给子孙后代。另外，对一般性的档案也不能保管条件太差，在各方面情况允许的范围内要适当兼顾。

第五，确保档案的规范性。档案妥善地保管下去，必须具备一定的物质条件，有一定的技术装备，此必须予以足够的重视，给予必要的投资，这不仅为当前所需要，也为历史所需要。为了给子孙后代留存档案，应该付出一些代价。当然，也要清醒地看到，目前我国还是发展中的国家，在相当长一段时期内尚不能满足档案工作尤其是保管工作中所提出的一系列要求。有些要求可以在国家帮助下予以解决，有些要求则要依靠档案工作人员去解决。

(三) 档案保管工作的任务

维护档案的完整与安全，既是整个档案工作中必须始终遵循的基本原则，也是档案工作各项业务环节的共同任务。从一定意义上讲，维护档案的完整和安全更是档案保管工作的中心任务，这是因为档案保管工作这个环节是实现维护档案的完整和安全的重点环节和主要手段。实质上，档案保管工作也是人们向一切可能损毁档案的社会的、自然的不利因素做斗争的工作过程。简言之，档案保管工作应该做到"四不"[①]。

第一，建立和维护档案的存放秩序。档案馆（室）收集来的大量档案需要按照一定次序排列和存放于库房中，使之在库房内形成一定秩序。档案入库后，由于使用者查阅、档案编研、库房调整等原因，也常常需要抽调、移动一部分档案的位置，从而使档案原有的存放秩序发生变化。档案的排列有序是保证档案完整与安全，利用、存放、索取迅速便捷的基本条件，因此必须建立科学合理的存放秩序，并使这一秩序得到维护。

第二，防止档案的损坏。要了解和掌握档案损坏的原因和规律，通过经常性的具体工作，采取专门的、有的放矢的技术措施和方法，最大限度地消除各种可能损坏档案不利因素的影响，从而把档案的自然损坏率降低和控制在最小范围内。

第三，延长档案的寿命。档案保管工作不能只是一味地防治档案的自然损坏，还要从根本上采取更积极的措施，最大限度地延长档案的寿命。

[①] "四不"是指不散（不使档案分散）、不乱（不使档案互相混乱）、不丢（档案不丢失、不泄密）、不坏（不使档案遭到损坏）。

第四，维护档案的安全。一方面，档案是一种物质存在的形态，必须最大限度地使其安全存在下去；另一方面，档案作为一种社会现象，在整个政治斗争范围内不能因为保管的不当或条件的低劣而使丢失或泄密，造成政治上的不安全。

（四）档案保管工作的场所

档案保管工作的主要场所是档案库房。档案库房是档案馆中专门用于存放档案的场所，通常由纸质档案库、音像档案库、光盘库、缩微拷贝库、母片库、珍藏库、实物档案库、图书资料库、其他载体档案库以及过渡间等组成。档案库房的建设需要遵循一定的标准和规范，在建设过程中，要结合实际的要求，选定库房建设的面积，并为档案提供足够的安全存放空间。同时，也要考虑库房内外环境，尽量减少水、暖、电等基础设施带来的隐患。

一般情况下，档案库房只允许档案库房管理的专门人员进入，非管理人员原则上不允许进入。在库房内，不允许从事与库房管理工作无关的其他活动，如吸烟、喝水、吃东西等。库房无人时，必须关灯、关窗、上锁等。这些规定都是为了确保档案的安全和保密性。

库房管理同库房建筑一样，是档案保管工作的主要内容和经常任务，是档案工作的基本建设内容之一。

1. 库房编号和排架

库房统一编号有利于库房的科学管理。库房编号有两种方法：①为所有的库房编辑总的顺序号，编顺序号适合库房较少的档案馆（室）；②根据库房所在地的方位及库房建筑的特征进行分区编号。楼房可以编层号，每层房间从左向右顺序编号；平房应先分开院、排，然后自左而右统一编顺序号。

库房中的档案架（柜）箱等装具应该排列有序，统一编号。不同规格、不同式样的档案架（柜）箱应该分开排列，尽量做到整齐划一。档案架（柜）、箱的排列应注意充分利用库房的地面和空间，同时要便于档案的搬运和取放，不宜太松或太紧。采用固定式档案架，架（柜）子之间主要过道的宽度应便于手推车的通行。固定档案架（柜）架间通道比装具占地多，通道经常闲置是很大的浪费。为了挖掘通道面积的潜力，可以采用活动式密集架。当需要进入某排架间时，只要离开相连的架车，在该处即闪出一条通道来。

库房内档案架（柜）箱的排列要避开强烈光线直射，同时注意勿使档案柜、架的排列有碍通风。为了便于对库房内档案的管理和利用，所有档案架（柜）应统一编号。

2. 档案存放位置索引

为了便于保管和取放档案，工作人员要切实掌握档案馆（室）中档案的存放情况，并将排好的档案编制存放地点索引。按其作用，档案存放地点索引可以分为两种。

（1）指明档案存放处所的，即以全宗及其各类档案为单位，指出它们的存放地点。上述两种索引按形式又可分为簿册式和卡片式两种。

（2）存放地点索引（以库、架为单位指明档案存放情况的）可以采用图表形式，把每个库房（楼、层、房间）内档案存放的实际情况绘成示意图，也可绘成大型的图表挂贴在醒目处，便于档案的管理和调阅。上述两种索引（或图表）的详细程度和表格中的项目可以根据档案馆（室）的规模和查找档案的频繁程度等具体情况来决定。

3. 档案代理卡

为了便于库房管理，工作人员要掌握档案流动情况，做好安全检查工作，填制一张卡片放在档案原来存放的位置上，这就是通常所说的"代理卡"或"代卷（件）卡"。有时用较醒目的红、黄、绿、蓝等颜色的卡片以示区别。其主要项目有：全宗号、案卷目录号、卷号、移出日期、移往何处、经手人、归还日期、签收人等。

档案代理卡是一种简便适用的管理工具。如果案卷经常调出或归还，不用代理卡则往往会出现虽能在案卷目录上查出，到架上提取案卷时却没有案卷的情况，库房管理人员也会因不知是丢失还是借出而心中无数。

第四节　档案的利用与传播工作

一、档案的利用工作

档案利用工作是指通过一定的方式和方法直接提供档案给利用者服务的工作，又称为"档案利用工作"。

（一）档案利用工作的地位

档案的提供利用是档案工作为社会主义事业服务的手段，直接体现整个档案工作的作用，在档案工作中占有突出的地位。

第一，档案提供利用工作是档案工作的中心任务。档案提供利用工作是实现档案工作目的的主要手段，这也就决定了档案提供利用工作是档案工作的中心任务，是最重要的一项工作。

第二，档案提供利用工作是档案工作为社会主义事业服务的直接体现。档案提供利用工作是运用各种方式把档案材料提供给社会上各行各业使用，是为社会主义现代化建设事业服务，体现了档案工作的服务性和政治性。只有通过档案提供利用工作，才能使档案工作在实现党和国家的总目标总任务中发挥应有的作用，否则，档案工作就失去了方向，乃至失去了存在的意义。所以，在实际工作中，人们总是把档案提供利用工作做得如何作为衡量档案馆（室）业务开展的尺度、工作好坏的标志。

第三，档案提供利用工作对整个档案工作有检验和促进作用。在档案提供利用工作中，能够比较客观地发现和了解档案工作其他业务环节的优缺点，如收集的档案是否齐全，整理是否科学，鉴定是否准确，保管是否安全等，从而促使我们采取有效措施改进档案管理工作。

第四，档案提供利用工作是档案工作中最富有活力的一个环节。档案提供利用工作与广大利用者发生密切的联系，是档案工作联系群众、服务群众的纽带。一方面，通过提供利用工作把收藏的大量档案材料提供给利用者，满足多方面的需要，充分发挥档案的作用；另一方面，是对档案工作最实际、最有效的宣传，能扩大档案工作在社会上的影响，争取各方的重视与支持。当前，我国处于历史发展的新时期，档案事业要发展，档案工作要开创新局面，最重要的是搞好档案提供利用工作，使档案工作在社会主义物质文明与精神文明建设中发挥应有的作用。

档案提供利用工作虽然在档案工作中具有突出的地位，对其他各项业务工作产生了深刻的影响，但不能忽视其他各项业务工作对档案提供利用工作的作用。它们是档案提供利用工作的基础和前提条件，档案提供利用工作不能离开这些工作而存在和发展，只有搞好了档案收集、整理、鉴定、保管、检索等工作，档案提供利用工作才能有坚实可靠的基础，否则就会成为无源之水、无本之木，谈不上开展档案的提供利用工作。

（二）档案利用工作的优化措施

1. 明确服务方向，端正服务态度

要想把档案的提供利用工作做好，先取决于服务方向的明确、服务态度的端正。以服务社会主义现代化建设事业为中心，全面地为党和国家各项工作服务，这是档案提供利用工作的服务方向。随着我国进入一个新的历史时期，档案工作的服务重点从政治斗争转移到经济建设、科学研究、技术发展和精神文明建设方面来，以服务建设中国特色的社会主义和集中力量进行社会主义现代化建设为根本任务。

各档案馆（室）的档案工作人员必须解放思想，明确方向，适应建立社会主义市场经济体制的新形势，根据各馆（室）保存档案的性质、内容和范围等特点，具体安排为党政领导和机关工作、生产建设、文化教育、科学研究、经济体制改革等各项工作服务的不同重点，积极做好档案的提供利用工作。这就要求档案工作者对无产阶级革命事业无限忠诚，具有高度的责任感、坚定的群众观点和主动服务精神，解放思想，开动脑筋，不断研究档案提供利用工作的新情况、新特点，解决档案提供利用工作的新问题，千方百计地为各项工作服务，时时为利用者着想，处处给他们以最大的方便。解决端正服务态度的问题，要采取得力措施，加强岗位责任制，做到分工明确，职责清楚，定期考核评比和奖惩制度，把权、责、利三者有机结合起来。

2. 熟悉档案与了解利用者

要想做好档案的提供利用工作，必须熟悉本档案馆（室）保存档案的内容，做到这一点，工作才会由被动变为主动，才能及时、准确地把档案提供给利用者。所谓熟悉档案主要是熟悉馆（室）藏档案的数量、成分、内容及存址，熟悉每一个全宗的档案形成和整理状况以及全宗与全宗之间的有机联系，熟悉各全宗档案的利用价值。熟悉档案的方法有很多：结合收集、整理、鉴定、保管、统计等日常工作，有意识地熟悉档案；通过编制检索工具和开展编研工作，系统地熟悉档案的内容和成分。此外，还可以通过定期或不定期的检查，有计划、有目的地翻阅某些重要档案以及结合提供利用工作来熟悉档案。只有熟悉档案的内容和数量等方面的状况，才能减少提供利用工作的盲目性。

了解和研究利用者的需要，就是做好档案提供利用的预测工作。利用者对档案的需要千差万别、变化多端。因此，档案馆（室）必须根据社会主义事业的发展、当前党和国家各项工作的动向，通过利用分析或直接访问利用者，或向有关机关询问等方式，了解各个时期需要利用什么档案，怎样利用等情况，才能未雨绸缪、有的放矢，做好档案提供利用工作。要做到这一点，档案工作者必须认真学习党的方针政策，关心国家大事，加强调查研究，注意社会发展和各项工作动向，了解和研究利用者的需要。一般来说，档案提供利用工作是被动性的工作，但如果既熟悉档案，又了解和研究客观需要，做到"知己知彼"，掌握利用的特点和规律，就能化被动为主动，做好档案提供利用工作。

3. 正确处理档案提供利用和保密的关系

利用和保密的关系问题在提供利用工作中表现得最为突出，应注意解决好。保存档案的目的是为社会主义事业服务，提供档案给各方使用，充分发挥档案的作用。档案馆的档案，党和国家以至全社会都要用。保存档案是为了用，在开展档案提供利用工作时，既要积极提供档案为各项工作服务，又要坚持保密原则。

利用与保密是一致的，都是为了合理地发挥档案在社会主义事业中的作用。保密的目的是更好地利用。保密只是相对地把档案的使用限定在一定的范围和人员内。那种认为保密就不准任何人使用，或永远无限期地保密下去，都是不正确的。保密是动态的，是随着形势的发展，时间、地点等条件的变化而不断变化。在具体处理提供利用与保密的关系时，要深入审查档案内容，根据时间的推移、地点和条件的变化，调整档案的密级，逐步扩大利用范围，减少烦琐的批准手续，以方便利用者。

（三）档案利用工作的服务方式

档案利用工作的服务方式可以根据档案馆或机构的规模、资源、技术水平以及用户需求的多样性而有所不同。

1. 阅览服务

将档案提供给利用者阅览是档案馆（室）利用服务工作的重要方式。因此，档案馆（室）大都建立阅览室，它是档案馆（室）为利用者开设的查阅和研究档案的场所。

档案是历史记录的原始材料，在数量上一般都是单份，有的内容有一定的机密性。这些特点决定了档案在一般情况下是不外借的，要在档案馆（室）内阅览。在阅览室内利用档案好处很多有专人监护档案的利用，便于保护档案材料，能减轻毁损速度，延长档案寿命；有利于更多的利用者查阅原件，充分发挥档案材料的作用；提高周转率和利用率，避免因一人借出馆外而妨碍他人利用；档案工作人员在阅览室有较多的机会接近利用者，能及时了解利用需要和利用效果，便于研究和掌握利用工作情况，有针对性地开展服务工作；利用者在阅览室可以同时利用许多档案材料，从中查阅某一卷、某一份文件、某一数据、某一图表，而不受数量的限制；利用者可以查阅许多不外借、不出版交流的内部的和珍贵的档案材料；利用者可以利用阅览室提供的条件和各种特殊设备，如查阅各种工具书、参考资料，使用缩微阅读设备、视听设备等，更好地阅览和人事研究工作。

阅览室成了档案馆（室）工作的"橱窗"，它代表档案馆（室）与利用者直接发生关系，利用者往往以阅览室工作的好坏来评价档案馆（室）工作。档案馆（室）应配备专职或兼职人员负责阅览室的日常工作，开展咨询辅导，解答利用者提出的各种问题，及时扩大利用档案的线索，不断提供新的档案材料。阅览室的设置既要从服务观点出发，又要从便于管理着眼，其地址的选择要符合宽敞、明亮、舒适、安静、方便的要求，以接近库房为宜，使环境既适宜于阅览和从事研究，又便于调卷。

为了保密和保护档案，利用者不能借阅与其利用目的无关的档案。各级各类档案馆提供社会利用的档案应逐步以缩微品代替原件。档案缩微品和其他复制形式的档案载有档案收藏单位法定代表人的签名或者印章标记的，具有与档案原件同等的效力。对于残旧、容易损坏和特别珍贵的档案最好是提供复制本，一般不借给原件，如果必须利用原件，应用完立即归还。尚未整理的零散文件一般不外借，必须借阅时要逐件登记。利用者不得将档案带出阅览室外，阅毕归还时需要仔细检查档案材料的状况，如发生污损、涂改、遗失等情况，立即报告领导人，酌情处理。

2. 档案的外借

档案一般是不借出馆外使用的，必要时，档案外借需要使用有严格的制度，要经过一定的批准手续，借出使用的时间不宜过长，借出档案时要交接清楚，有登记签字手续，借用档案的单位或个人应承担保护档案的完整和安全的义务，不得将档案自行拆散或变更次序，不得将档案转借、转抄、损坏、遗失，不得自行影印或复制，并要按期归还。

档案馆（室）对借出的档案要定期检查了解借用单位对档案的保管使用情况，并在借出案卷的位置上，设置醒目的代卷卡片，指明借阅卷号、借阅时间、借阅单位和借阅人姓名，以利备查和督促借阅者按期归还。借出档案收回时，应认真清点，并在借阅登记簿上注销。若发现有被拆散、抽换、涂改、散失、污损等情况，要及时报请领导处理。

3. 制发档案复制本

档案馆（室）提供档案为党和国家各项工作利用，既可以提供原件，也可以根据档案原件制发各种复制本。制发档案复制本，根据所需单位的不同用途，分为副本和摘录两种。副本，是指同一文件的抄写或复印的复本，反映档案原件的所有组成部分；摘录是摘录文件内的某一段落、某个问题或某一事实、某一人物情况或某些数字的材料以及只反映原件的某些部分。

制发档案复制本的方法大体可分为手抄、打字、印刷以及摄影、静电复印等。必要时，可以仿制与档案原件的复制材料及其外形完全相同的副本。制发档案复制本提供利用具有较多的优点：可以使利用者不到档案馆（室）就在自己的工作岗位上随时参考所需要的档案材料，为党和国家各级机关广泛利用档案创造了极为便利的条件；让制发档案复制本，可以在同一时间内，满足较多利用者的需要，使档案更充分地发挥作用；安用档案复制本代替档案原件提供利用，减少原件利用的次数，有助于延长档案的寿命。同时，制发档案复制本，数量相应的增加，即使档案原件由于天灾人祸毁损了，只要复制本能保存下来，也能取得此失彼存的效果，对档案的保存和流传有重要作用。

档案复制本的局限性是利用者总想看到原件，有的还要作为凭证，对复制本感到不满足。由于科学技术的发展，复制本的质量和精确度提高，能达到复制本与正本没有多大区别，基本上可以满足需要。档案复制本的印发不利于保密，容易辗转翻刻、复印或公布，档案部门不易控制，因此在制发范围和批准权限方面应妥善处理。

制发档案复制本是档案部门根据自己的设备条件和利用者的申请进行的，先由申请者提出所要复制的档案，并说明复制的要求、份数和用途等，然后经过一定的批准手续加以复制，档案复制本必须和档案原件细致校对，并在边上或背后注明本档案馆（室）的名称、档案原件的编号，加盖公章，以示对复制本负责。

4. 档案证明

档案证明是档案馆根据机关、团体或个人的询问和申请，为了、证实某种事实在本馆（室）保存档案内有无记载和如何记载而摘抄的书面证明材料。如公安、司法部门需要审理案件，个人需要有关工龄、学历等方面的证明材料等。因此，制发档案证明是满足各方面利用档案来说明一定事实的一种手段，是档案馆（室）提供档案为党和国家机关、人民群众服务的方式之一。

档案证明必须根据机关、团体或个人的申请才能制发。在申请书中，要求写明申请发给证明的目的，并详细指出所需要证明问题的发生时间、地点等情况，以便制发证明时对申请书的审查和对证明材料的查找与编写。制发档案证明是一项具有政治性的工作，对申请书的严格审查和正确地编写档案证明，都需要档案馆（室）严肃而认真地对待。档案证明一般都根据档案的正本或可靠（经校对）的副本来编写，只有在没有正本或可靠副本的情况下，才能用草案、草稿来编写，并在证明上加以证明。此外，档案展览、公布档案文件、编辑文件汇集、编写参考资料也是档案提供利用的有效方式。

二、档案的传播工作

（一）档案传播工作的理论基础

1. 档案传播工作中档案价值的理论基础

档案价值理论包含了多种，如档案价值、价值形态、价值规律等。档案价值理论的基础则为档案的双重价值理论与双元价值理论。其中，档案的双重价值理论主要为档案构成的初始价值以及对外的附加价值。初始价值包含了对于法律、单位、执行等方面，其第一重价值主要是档案对于单位的价值，第二重则主要是档案对于个人的价值，两者的关系是先达到第一重价值，随后过渡到第二重价值。档案双元价值，一方面是工具价值，即人们使用档案主要是借助了其结构功能；另一方面是信息价值，即档案中的信息内容对于工作与个人观念的影响。在不同的文化工具与历史背景中，档案价值的含义也有所不同，其体现了地区、民族以及国家的特点。因此，档案的价值理论还需要结合实际情况来推动档案文化的发展。

2. 档案传播工作中大众传播的理论基础

档案传播工作中，传播的主要理论便是大众传播理论。大众传播包含了多个方面的传播形式，如新闻媒体传播、个人传播、单位传播等。其传播的形式可以以金字塔的方式来表示，最顶端的为社会范围传播，如大众媒体传播；第二层为机构化的有组织传播，如政治体系或商业公司传播；第三层为集团之间或协会传播，如地方传播；第四层为小团体之间的传播，如家庭传播；第五层为人际传播，如两人之间或夫妻之间传播；第六层为自身之间的传播，如自身对于信息的处理。在档案的大众传播中，需要充分了解大众传播的理论基础，以更为广泛的形式进行档案传播，促使档案文化的影响力能够得到扩张，更加有效地体现档案文化的内涵与价值。

3. 档案传播工作中文化共享的理论基础

随着信息技术的发展，档案传播形式得到了拓展，文化共享理论也随着网络平台的构建而得到了发展。在文化共享理论中，最为重要的点便是能够促使受众人群更广、传播效率更高，尽可能减少不同地区人群之间的文化差异，确保人民的文化权益。实现档案传播工作中的文化共享，不但要让人们能够共享档案文件，同时还要让人们能够创造共享文件，分享文化成果。在档案文化共享中，人们需要具备三种身份，承担三项责任，即他们是档案的创造者与生产者，同时也是档案文化的共享者，他们需要肩负起创造、生产以及传递的责任。

4. 档案传播工作中信息资源开发的理论基础

信息资源是档案传播工作中的重要内容。档案文化中的信息资源主要包含了技术、设备、资料、各项活动等，需要针对这些信息资料进行有效的整理与统计，促使其能够为社会的经济活动提供帮助。因此，基于信息资源开发理论，需要针对档案的内容进行深入研究，根据地方的实际情况以及现阶段社会对于档案文化的需求，科学构建档案资源体系，并制定相应的规范标准，促使相关工作人员能够按照规范标准来划定档案范围，确保档案的内容更加完善、更具价值。

从文化传播方面来看，档案的内容需要具备一定的传播性，因此，内容需要具备真实性、有效性、代表性等特点，用充实的档案内容，更好地促进档案文化的传播。

5. 档案传播工作中以人为本的理论基础

以人为本的思想是现阶段各项工作中的主流思想，对于档案传播来说也并不例外。以人为本的思想在档案传播工作中主要体现在三个方面。

（1）档案管理人员在进行档案传播的过程中，需要充分体现自身的作用，更新档案传播理念，更多利用信息化技术，不断提拓宽档案传播的途径。

（2）档案传播的过程中，需要注重接受者的个人感受，以人的权益为主体，以实现人们利益最大化为最终目标，尽可能地满足公民对于档案的需求，确保档案传播的有效性。

（3）以人为本的理论基础能够有效促进档案传播的可持续发展。档案的主要作用是为人民服务，在档案传播的过程中，体现以人为本的思想，能够促使人们更加容易接受档案文化，充分了解档案文化的内容，并通过档案文化来获取相应的利益。也进而能够促使更多人参与到档案创造、传播与生产当中，有效地促进档案文化的可持续发展。

（二）档案传播工作的优化策略

1. 提升档案传播工作中的档案价值

档案传播是以社会公众为服务对象，以满足社会公众需求为目的，依托档案信息资源开展的文化传播活动，是发挥档案价值服务人民群众的重要途径。一个好的档案传播活动必须具备以下条件：①其传播内容必须依托档案、取自档案，具有档案元素，包含档案符号。②对档案信息资源的挖掘达到了一定的深度，内涵丰富。③充分利用互联网技术、手段，包括微信、微博等社交媒体。因此，在信息时代下进行档案传播，必须做到利用档案重构来探析档案原始文化价值，从而与档案需求匹配。与此同时，利用网络矩阵，实现线上线下互动，进而扩大档案传播的社会效益以及影响力。

2. 积极推动档案文化的大众传播

档案文化产品在线上和线下无法获取。依据大众传播基础理论，解决这些问题必须疏通传播渠道，发挥网媒优势。互联网可以为档案部门和社会公众构建一个实时双向的信息通道，有利于实现档案与公众的"零距离"沟通。继续发挥线下传播优势，考虑和图书馆、文化馆、博物馆合作，增强群众对于线下档案文献汇编的认识；结合各类档案展览和档案论坛，做好线下宣传。同时，对于线上传播，除了在档案馆网站上进行链接展本，可以充分利用技术，发挥平台效益，尝试利用腾讯、微信、微博、手机、数字电视等新媒体进行档案传播。

3. 实现档案传播工作中的文化共享

随着现代科技的发展，信息技术和通信技术的广泛应用已经成为文化创意灵感的源泉，充分利用网络资源宣传档案文化，可以使之形成独具特色的档案网络文化。将档案数字化技术与信息技术结合起来，整合档案文化资源，不断夯实档案文化建设的基础。

档案部门应开发宣传档案业务的专门网站，适时发布相关档案信息、工作动态，可以建立网上档案展览大厅，也可以利用网络开展档案利用工作。开辟网上档案论坛，为档案人提供交流、讨论档案业务的平台。利用百度百科、维基百科平台创建名词也是非常有益的传播手段。腾讯、微信、微博易于操作，而且使用的人数也较多。档案部门应将档案本身的吸引力，通过这信息途径展现出来。

4. 以信息资源开发促进档案有效传播

档案重构有利于档案信息资源开发。它是在不改变档案实质及原有记录信息的情况下，对相关档案史料进行分析整合，产生新的有创意的、有吸引力的档案内容价值。档案传播以内容为王，只有内容符合社会大众的需求才能广泛迅速传播。档案生动记录个人、组织、城市、社会的发展变迁，构成了个人记忆、城市记忆和社会记忆的一部分，如何通过档案重构来深入挖掘其包含的主题信息，形成有吸引力的档案文化，成为档案有效传播的关键。档案部门可以通过一些事件策划、主题策划、概念策划、创意展览的方式对档案资源进行重构，从社会公众的公共文化需求出发，建设有新闻价值、能吸引社会媒体和人民群众兴趣与关注度的档案文化。

5. 以提升档案人自身素质实现档案传播效果最优化

档案人是档案传播的主要实践者和传播者，是档案传播的关键所在。在新媒体高度发达的今天，档案传播者需要熟悉并掌握新媒体知识和技能。

档案传播者需要提高自身熟练驾驭应用新媒体的能力，能够根据不同新媒体的特点进行有针对性的档案信息加工，及时解决档案传播工作中的问题，以达到新媒体平台上传播效果的最优化。

第三章 档案管理的现状与设计

第一节 档案管理的现实准则

一、档案管理的现实意义

档案管理就是用科学的原则和方法管理档案，为党和国家各项工作服务的工作。"在现代化的环境背景下，档案管理需要不断进行调整，促使其符合社会发展的需求，为人们提供更加完善的服务。"[①] 档案管理的现实意义如下。

（一）有助于维护个人权益

在日常生活中，个人档案是记录其成长和发展的重要资料，如学籍档案、家庭档案、健康档案等。这些档案记录个人的基本情况、经历和成就，是维护个人权益的重要依据。例如，在处理一些涉及个人权益的纠纷时，如财产继承、产权纠纷等，个人档案可以提供有力的证据，保障当事人的合法权益。

（二）适应社会发展需求

知识经济的发展是以信息产业为基础，其主要强调了信息服务的智能化、信息化。所以，知识经济能够按照人们的需要提供相应的服务。鉴于知识经济本身的特点，社会在信息方面的需求，信息技术快速发展，其带来了以下两方面的影响。

第一，社会能够要求相关的信息部门利用其自身所具有的能力对信息进行处理与控制，并为社会提供更优质的服务。

第二，相关技术的发展在一定程度上使信息发生了重大变革，这给信息部门带来了重大挑战。档案部门作为信息部门的一部分，应当采取有效的措施以面对所要到来的挑战。其应当采取现代化的管理方式，使档案信息转变成数字化信息，使其能够更好地为知识经济服务。如果档案管理工作不能够适应当今社会的发展，便不能够充分发挥自身的作用，

---

① 陈芳. 档案管理现代化的意义 [J]. 管理观察，2016，(33)：45.

档案管理工作也就变得没有任何意义。

（三）增强可持续发展动力

档案管理工作的可持续发展，是可持续发展战略的延伸。在档案管理方面落实可持续发展战略是很有的必要的，主要体现在以下两个方面。

第一，其是人类在发展过程中新的构成部门，人们总体发展情况决定了档案管理的发展，并利用档案中的相关信息为人类提供相应的信息服务，为促进人类发展作出一定的贡献。

第二，进行档案管理工作的主体主要是档案室，如果在其现代化发展过程中只是借鉴国外的发展模式和经验，没有先进的设备与技术作为支撑，将会使我国档案事业完全落后于我国社会的发展。

（四）带动国民经济发展

我国经济与社会两者之间的发展是一个整体，在这个整体当中，虽然每一个环节之间都会互相产生影响，互相制约，但也是不可分开的，形成了一个统一的整体。档案管理工作在我国社会与经济两者发展过程中具有重要的意义与作用，是其发展过程中不可或缺的重要组成部分，档案管理工作发展也会在一定程度上受到其中各个环节的制约，其也会对我国社会与经济发展产生一定的影响。这种互相影响、互相制约不仅是我国档案管理不断发展的重要保障，也是我国社会、经济和谐发展的重要依据。

自从实施了改革开放政策，我国在现代化建设方面得到快速的发展，使我国经济得到了崛起，社会不断进步。档案管理工作是同其他事业共同发展的，如果不在现代化建设过程中注重自身的建设，那么便会失去发展的动力，远远落后于社会的整体发展。因此，应当加强档案管理工作的现代化建设，为社会提供所需要的相关档案信息，促进经济的发展。此外，档案管理与我国社会的协调发展，充分发挥档案管理工作的促进作用，以便使社会经济达到理想水平。

二、档案管理的现实要求

档案管理是组织和维护文件、记录和信息的过程，以确保它们能够被有效地访问、保护和利用。"近年来，我国市场经济和社会化发展进程得到了较快发展，各项管理措施和手段也在持续改进提升，对档案管理工作提出了更高的要求。"[1] 在现代社会中，档案管理面临着一系列现实要求，这些要求在不同组织和环境中可能会有所不同。档案管理的现

---

[1] 楚元泼. 新形势下基层档案管理工作中的问题及对策研讨 [J]. 兰台内外，2022，(35)：37.

实要求如下。

（一）档案管理的基础要求

第一，完整性要求。保证档案价值的完整性和真实性，注意档案收集工作的齐全和完整，首先要保证档案在数量上的齐全，其次要维护档案在质量上的有机联系和历史真实面貌，确保档案的齐全完整。

第二，安全性要求。档案的应用、参考、更新等一切的功能都是以档案安全为基础的。档案管理的安全性包括了档案实体的安全和档案信息的安全，对档案实体的安全，很重要的是注意保管环境的影响；档案数据信息的安全，其主要影响因素则包括了内容安全和计算机管理交流的安全。档案的安全性在档案管理系统中尤为重要，是信息得以完整延续的重要保障。

第三，科学性要求。现代档案管理工作要求管理技术的科学性和管理模式的科学化，这两者是档案管理发展的重要因素，其中管理模式的科学化尤为重要，只有真正实现了档案管理模式的科学化，才能有效提高档案管理工作的质量，提高档案信息的准确性、有效性，充分发挥档案的价值。

第四，规范性要求。档案的规范化管理是发挥档案管理社会效益和经济效益的必然要求。严格规范档案各环节的管理，建立健全档案管理各项制度，建设标准化、规范化的档案管理模式有助于科学管理各类档案资料，提升档案管理发展的进程。

第五，现代化要求。档案管理现代化即以系统论等现代管理科学为指导，运用现代管理方法和手段，采用先进的管理技术与设备，充分发挥档案管理人员的主动性、积极性和创造性，对档案管理的传统方式进行改革，加快实现其系统化、定量化、信息化、智能化管理。档案管理现代化是现代社会发展的必然结果，也是档案管理部门主动迎接新科学技术挑战，为促进社会现代化而进行的变传统档案管理为现代档案管理的过程，是新时期社会发展和档案事业发展的必然趋势。

（二）档案管理的新要求

1. 理论体系的改变

（1）数据观的改变。随着移动通信技术的普及，人们进入了大数据时代，过去那些单一的数据可能没有任何意义，但是当集中到一起时，它们的作用便会显现出来。因此，档案部门要树立大数据技术背景下的数据观。

（2）档案观的改变。重视数据是大数据观一直秉持的观念，任何数据在大数据看来都是有用的。档案观的改变是要求档案管理部门将有用的数据视为档案的传统观念转变为所有的档案数据都是有用的这一新的观念。我们有必要建立新的档案观，主要在于以下方面。

第一，随着技术的发展，我们能够做到"一切归档"。归档的范围应该不断扩大、门类也应该更加丰富，把所有涉及社会生产生活的、具有保存和利用价值的信息都涵盖进来，特别是对在互联网上产生的即时信息进行及时抓取，如果抓取不及时便会让这些信息消失在茫茫的信息海洋里，难觅踪迹。对于那些层次较低、平民化的信息要加以关注。

第二，无处不在的档案。在人们固有的观念里，档案馆里存放的档案才叫作档案。但是随着互联网的普及，每时每刻海量的信息数据如同海底火山一样喷涌而出，分布在各个网络节点和神经末梢。尽管人们没有及时地把它们收集到档案馆里，但是如果有需要，它们能够被检索到，发挥自身的价值，那么它们就是潜在的档案。

（3）服务观的改变。现在档案服务会向多元化、社会化的方向迈进，服务将成为档案管理侧重的一个方面。

第一，档案管理要"为民服务"。档案部门不仅要坚守国家赋予的责任、坚持党的利益，还要树立服务民生的意识，维护好新时期国家赋予广大人民群众的切身利益。

第二，变被动型服务为主动型服务。档案部门应该充分利用大数据的相关技术将蕴藏在海量数据背后的知识发掘出来，通过分析用户的习惯和兴趣挖掘出更多的数据，变革档案利用服务的方式，提高档案服务意识，将准确度高、利用价值大的档案信息推送给用户，不断完善档案咨询服务工作。

第三，建立一站式档案服务体系。好的档案服务是建立在大量的数据基础之上的，收集的档案越全，整理得越规范，人们查到自己需要的档案的概率就越大，也就越能为人们解决问题。因此，档案管理部门应该建立起一套一站式档案服务体系，使人们可以不受时间和空间的限制，对海量数据作出精细化查询，得到最佳的数据解决方案。

（4）平台的搭建。为了适应互联网的快速发展，各行各业都积极地开始搭建适合自身发展的平台。为了尽早改变这种局面，档案部门应该及早建立一个有着丰富信息资源、便于操作、高效服务的档案数据平台。在建设档案数据平台时，我们应该注意如下两个方面。

第一，一定要做好档案管理系统互联网平台的开发工作。进入信息化时代，一张张档案信息网被建立起来。从地区来看，中东部地区的档案信息网无论在数量上还是在内容上都要明显高于西部地区；从层级来看，省市级档案信息网较县级档案信息网的建设要好很多。地区发展不平衡、层次不完善是目前各地档案信息化建设面临的现实问题。各地的档案管理部门要借助大数据技术，在不断完善自身档案信息网建设的同时，发挥地区优势，对于不发达地区的档案信息网建设工作给予一定的技术支持，帮助它们一同进步，争取早日实现全国档案管理系统平台的建成。

第二，行业内部档案管理系统局域网平台的建设工作。局域网的优势就在于方便进行行业内部的沟通和交流。通过建立行业内部系统平台，不但能够避免由于各自操作导致信息无法流转情况出现，借助权限管理集中数据资源，还可以通过附属软件将外部信息在系统中进行导入和导出操作。这样，既满足了办公自动化的要求，又提高了各级、各部门之间处理文件的效率。档案系统平台应该包括"档案管理"模块，按照不同部门产生的档案将档案分门别类。在业务工作的每个环节中渗透档案管理的理念。档案员可以查看和预归档来往的文件，并借助内部系统平台对本年度内各科室办理完的文件加以汇总，按照"机构—问题—保管期限"完成归档，归档文件目录可由计算机软件自动生成，使纸质档案与电子档案——对应。通常情况下，普发性通知文件可以不必打印出来，但是需要备注在归档文件目录。

2. 数据资源体系的改变

（1）更广的来源。在人们的固有观念里，档案部门收藏的都是一些有关党和国家的档案，把档案的范围集中在机关和组织，这就地限制了档案的来源。互联网产生的海量信息已经成为档案数据的一个重要来源。同时，加大对民生的关注力度是档案部门获取档案数据来源的又一个较大变化。

近年来，为了响应国家政策，档案部门加大收集与民众切身利益相关的民生档案的工作力度。档案部门还利用国际档案日对普通公民展开教育，帮助民众树立社会档案意识，唤起他们对我国档案事业的关注。生活中那些零七八碎、与自身生活息息相关的照片、影像、发票、凭证、行车记录、就诊信息等，看上去貌似毫无价值，但是我们每个人过去岁月中的一部分，对于个人而言有着重大的意义。当前，为了使我国的档案管理向生活化、草根化方向发展，家庭档案和个人档案建立正成为一种新的趋势。

（2）更丰富的内容。信息资源是档案部门安身立命的根本所在。数量越大、门类越多，档案的价值才越能发挥出来，越凸显档案部门的社会地位。当信息技术进入大数据时代，档案部门也意识到自身变革的重要性，开始不断改变自己。

第一，数据量大增。在大数据背景下，我国档案数据资源在总量上呈现出快速增长的趋势。随着新一轮各级各类档案馆改扩建工程批复与落地，我国档案馆馆藏容量必将持续增长，对于存量档案的数字化处理以及新增档案的电子化处理将是档案部门今后一段时间的工作重点。而那些经过移交、寄存、撤转并改的档案，很容易就会让档案馆的馆藏存储量跨越到PB级。

第二，数据类型大增。纸质、声像、实物是档案常见的三种类型。随着信息化的普及，电子档案也成为档案的一种类型。此外，档案部门还要对浏览查询记录、用户信息等进行保存。由于这些信息的载体不同、各自特点突出、结构差异大，因此档案部门以不同的方式把它们分门别类地保管起来。随着大数据技术的发展，越来越多的半结构化、非结构化的数据将以表格、文档、图像、音频、视频、网页等的形态呈现出来。异构化数据将是未来档案馆藏的重要来源，类型多样、非结构化的数据将在档案中占有越来越大的比例。

第三，数据价值密度下降。与一般的信息资源比起来，档案能够真实地记录历史，因此有着很高的价值。随着大数据时代的到来，档案数量不断增加，档案价值密度越来越低，因此有价值的档案占比也越来越低。

第四，数据处理速度加快。信息化技术的普及使档案部门对档案的管理工作由过去的人工手动管理模式转变为信息化的、网络化的收、管、用业务流程管理模式。时效性和便捷性是大数据时代档案管理工作的两大特点：①互联网上的信息更新速度都会很快，特别是那些有用的信息，若无法将它们快速地抓取出来，这些信息便难觅踪迹；②为了更好地满足用户的需求，档案员应该快速地从海量的档案中提取用户想要的信息。

（3）更多的收集方式。

第一，强制收集。强制收集是指组织明确要求员工或相关方提供特定类型的信息或文件。这种方式通常涉及合规性要求、法律法规、政策规定或内部流程，要求个体或团体提交必要的档案信息。例如，税务部门可能要求纳税人提交年度财务报表作为强制性的信息收集。

第二，实时捕捉。互联网可谓是深入每个人的日常生活当中，它所蕴含的信息具有数量大、更新快、传播广的特点。这给大数据时代下的档案收集工作提出了新的挑战。对于档案员而言，是否能够捕捉到有价值的信息并将其归档，是对档案员业务能力和操作水平的检验。档案部门应该转变过去"等人送上门"的档案收集办法，利用云计算技术，实时抓取互联网上有用的信息，使档案资源动态化，不断提高互联网信息资源抓取的科学性、准确性。

3. 利用服务体系的改变

（1）服务对象。新时期，国家对民生档案资源收集给予更多重视，档案服务要面向广大人民群众，为智慧城市建设服务、为特色小镇建设服务。而档案服务的另一个显著变化就是从线下服务延伸到线上服务。随着网络通信技术快速发展，网络的畅通为数据资源极大丰富提供了物质基础，这为档案管理的网络化建设提供了技术支持。于是，更多的网络用户成为档案服务的新客源。他们在查找档案的时候并不需要亲自来到档案馆，而是通过互联网进入档案馆的网站，浏览和查阅自己需要的档案信息。他们的需求和咨询行为使他们成为档案用户和档案潜在用户。

（2）服务内容。长期以来，档案馆都是按照用户到馆查询，档案馆为其查找的模式开展服务的。档案馆的服务范围只针对馆内的资源，而馆外的资源由于没有进入馆内，自然不在服务的范围之内。

档案馆应该把馆外资源，特别是互联网资源因其自身的优势和价值，纳入档案服务内容，使档案服务内容更加丰富。过去那种用户需要什么，档案员就提供什么的服务模式只是浅层次的档案服务。档案服务要把心思放在关注用户个体行为上，通过分析用户的身份信息、搜索方式、查询记录、利用结果等数据，描绘出用户的利用需求和利用习惯，为满足以社会个体诉求为目的的档案服务开展提供数据支持。针对档案用户的个性化需求制定出相应的查询与解决办法，使档案服务内容突出差异、精准到位。

（3）服务方式。档案服务的实体机构是各级各类的档案馆，大量的档案资源存放在档案里，馆藏成为传统意义上档案服务的物质基础。档案用户只有在获得身份证明后才能够到档案馆查询需要的档案资料。档案用户借助互联网，通过档案远程服务的方式，便可以轻松地解决档案查询的相关问题，档案馆在收到用户诉求之后，通过互联网、快递或其他方式将档案提供给用户。有了大数据的相关技术支持，档案馆的服务方式向个性定制、智能推送的方向发展。档案员也不再像过去那样，只是等着用户来到档案馆查询档案，而是利用互联网向任何需要档案服务的用户展开网上询问、答疑服务，记录他们的诉求、分析他们的需求，判断他们的需求趋势和利用偏好，积极挖掘他们潜在的查询需求，并利用人工智能向他们推送其感兴趣的内容和服务。

（4）服务目的。能够最大限度地满足档案用户的信息需求是档案服务的最高目的。在大数据时代背景下，用户对档案的需要是要结合自身的知识储备和个性化的理解来筛选和捕捉信息内容，把看起来毫无规律的信息整理成为可以用来解决特定问题的答案或者方法。在大数据时代，用户需求是档案部门服务工作的出发点。与此同时，档案部门还要精准地掌握档案用户的深层需求，把相关的知识传递给他们，从而实现档案信息资源利用服务同知识服务的双赢。

4. 安全保障体系的改变

（1）保管条件。档案类型的变化对档案数据的保管条件也提出了不同的要求。随着信息技术的发展，信息载体的形式也越来越丰富，档案的类型也从最初的纸质档案发展到了音像档案、光盘档案、数码缩微档案等。这些档案类型对保存条件和保存场所提出了更高的要求。

（2）应急管理。由于档案本身具有很高的价值且独一份，所以档案管理工作的一项重要内容就是档案的安全应急管理。当突发事件来临时，档案安全必将承受巨大的挑战。在大数据时代背景下，除了以突发事件的类型为切入点外，档案应急管理还应该根据档案类型的不同，制定出有针对性的精细化应急预案，建立标准化的应急管理制度，使档案应急行为常态化，最大限度地减轻或者避免紧急事件对档案造成难以挽回的后果。

（3）技术手段。在大数据时代，档案数据的规模变得空前庞大，单一的计算机输入检出方式已经无法适应档案数据的快速增长。为了适应这一趋势，云计算技术被档案部门应用在日常的档案管理工作中。规模大、可靠性高、通用性强等都是云计算的优点，它的应用可以有效地减少档案部门在档案管理上的人力、物力、财力投入。因此，与云计算服务运营商展开合作，共同开发档案管理云计算系统是比较理想的方式。档案部门需要在技术上占有主导性，把可能给档案安全带来威胁的外在因素排除出去。

（4）长期保存。档案数据的存储工作在大数据时代背景下需要面临两个问题：一个是足够的存储空间；另一个是长期存储的安全。档案的保管期限是按照自身价值的大小进行划分的。通常情况下，能够被保存在档案馆里的档案都是永久保存档案，档案馆要确保这些档案的安全和长期可用。

（5）信息安全。档案管理的重要方面之一是信息安全，确保档案和敏感信息不受未经授权的访问、篡改、泄漏或破坏。以下是确保档案管理信息安全的要点：①访问控制。限制档案的访问，只有授权人员能查看或修改，使用权限、加密和身份验证。②数据加密。对敏感数据加密，包括传输和存储。③定期备份。备份档案和信息，存储安全并定期测试可恢复性。④物理安全。确保档案物理安全，锁定文件柜、安全储存室和监控设备。⑤数字安全。使用防病毒、防火墙和入侵检测系统，保护档案和系统。⑥培训与意识。培训员工了解信息安全政策和最佳实践，减少内部威胁。⑦合规性。遵守隐私法律和法规，包括数据保护法规和行业标准。⑧审计和监测。定期审计和监测系统，检测安全漏洞。⑨灾难恢复计划。制定灾难恢复计划，确保档案连续性和可恢复性。

5. 行政管理体系的改变

（1）行政职能。随着组织的档案数量呈现出几何级增长，越来越多的档案服务中介机构发展起来，大部分的档案业务微观服务被它们承接了，这样过去"档案实物"的工作便从档案管理中分离了出来，强化自身行政管理职能，对国家机构、社会组织、个人相关档案事务监督和管理成为档案管理的主要内容。

（2）合作方式。在大数据环境下，档案行政管理部门需要树立"数据开放，资源共享"的理念，充分借助社会力量开放档案，实现其应有的价值，而不是像过去那样把档案资源牢牢地攥在自己的手里。无论是对档案数据收集和保存，还是对档案数据利用和共享，都离不开互联网、数据技术公司、信息化工作部门的大力支持，档案行政管理部门实时都得与它们打交道，它们也逐渐成为档案行政管理部门越来越重要的合作伙伴。

三、档案管理的原则

（一）统一领导，分级管理

统一领导、分级管理是我国档案工作的组织原则和管理体制，其含义主要表现在以下几个方面。

第一，在各级人民政府的统一领导下，全国各地的档案工作由各级档案管理部门统一、分级、分专业进行管理。其中，统一领导是指对全国的档案工作制定统一的方针、政策和档案法规，实行统一领导、监督和检查。

分级管理是指全国的档案工作由各级档案管理机关分层次进行管理。

分专业管理是指按照全国档案工作管理的统一要求，中央和地方专业主管机关结合本专业的实际情况，制定本专业的档案管理法规和制度，指导、监督和检查本系统内各个单位的档案管理工作。

第二，各级各类档案管理机构应当对我国的全部档案进行集中管理。各级机关、各类团体以及各种企业、组织的档案，应由各单位的档案管理机构进行集中管理，不得分散保存。

各机关、团体及企、组织中需要长期保存的档案，应由各级档案馆集中保管，未经规定和批准，不得将任何档案进行任意转移、分散或销毁。

第三，党政档案和党政档案工作实行统一管理。全国的党政档案工作由党和政府直接领导，各级档案管理机构对各级党政机关的档案工作进行统一指挥、监督和检查，在性质上，各级档案管理机构既是党的机构，又是政府机构。

（二）维护档案完整与安全

维护档案的完整与安全是档案管理工作的基本要求。只有保证档案的完整与安全，才能为档案工作提供必要的物质基础。档案的完整是指确保档案内容的联系性和真实性以及档案数量的齐全，档案的安全是指档案实体的安全和档案机密的安全。

档案管理要保证档案的物质安全和政治安全，积极地采取保护措施，力求档案不受损坏，延长档案寿命，严守档案机密不被盗窃。

（三）便于社会各方面的利用

便于社会各方面的利用，是档案管理工作的根本目的。档案工作的各个环节，都应从档案利用的角度进行考虑，档案工作是好是坏，应以是否便于利用为衡量标准。

档案管理的三个基本原则是辩证统一的关系。统一领导、分级管理是核心，没有统一领导、分级管理，就难以实现档案维护的完整与安全，从而不便于社会各方面的利用；如果不考虑档案的利用，那么统一领导、分级管理和档案的完整与安全将变得没有意义和方向。

第二节 档案管理的多领域解读

一、行政档案管理

行政档案是指政府机关、事业单位、企业等各类行政机构在履行职能过程中产生的文件和资料，包括行政决策、行政管理、行政监督等方面的文件。这类档案主要包括公文、会议记录、通知通告等，并且按照机构和部门进行分类，以便于组织和查询。行政档案管理能够将行政管理的整体情况反映出来，指导工作人员做好行政管理，对行政管理进行不断优化，促进行政管理的科学发展。

（一）行政档案管理的意义

行政档案管理是现代社会不可或缺的重要组成部分，它对于政府、企事业单位以及社会公众都具有深远的意义。行政档案管理是一种高度组织化的过程，旨在创建、维护和管理机构和个人的文件和记录，以确保信息的准确性、可访问性和可持续性。行政档案管理的意义体现在以下方面。

第一，行政档案管理有助于维护机构的合法性和透明度。政府机构、企事业单位和其他组织都需要依法行事，并且必须能够证明他们的活动是合法的。通过妥善管理档案，可以追踪和验证机构的决策和行动，确保它们不违反法律法规。这有助于建立公众对机构的信任，提高治理的透明度。

第二，行政档案管理有助于保护权利和利益。在法律纠纷和争议解决中，档案记录通常是关键的证据。如果档案不正确或不完整，可能会导致不公平的判决，损害个人或组织的权益。通过有效的档案管理，可以确保关键信息的准确记录和保存，以便在需要时能够提供有力的证据。

第三，行政档案管理有助于提高效率和效能。一个组织如果能够迅速找到所需的信息，可以更快地作出决策，更有效地执行任务。档案管理系统可以帮助组织整理和分类信息，使其更容易访问和利用。这不仅提高了组织的工作效率，还减少重复工作和资源浪费。

第四，行政档案管理有助于保存历史记忆和文化遗产。档案记录反映了一个组织或社会的历史和发展。通过保存和管理这些档案，可以传承和保护文化遗产，确保后代能够了解过去，并从中汲取经验教训。这对于维护文化连续性和社会认同至关重要。

第五，行政档案管理有助于应对紧急情况和危机。在自然灾害、公共卫生危机或其他紧急事件发生时，及时获取准确的信息至关重要。档案管理系统可以帮助组织快速调取关键信息，协助决策制定和应对紧急情况，最大程度地减少潜在的损失和风险。

（二）行政档案管理的创新措施

第一，提高对行政档案信息化管理的认识。利用信息技术手段完成档案工作，已成为行政档案管理发展的必然趋势，要求管理层提高对行政档案信息化管理的重视，充分了解行政档案信息化管理的优势及特点，转变传统的档案管理理念，学习行政档案信息化管理的相关程序、法律法规、流程和技术，树立信息化的管理理念，从而促进行政档案管理的信息化及现代化发展。可以组织员工对行政档案信息化管理讨论，探索行政档案管理信息化建设的途径，明确行政档案管理信息化建设的目标，确定行政档案管理信息化建设的思路及方法，使档案人员能够对行政档案信息化管理产生全面的认识。

第二，加强制度建设，为行政档案管理创新提供保障。目前，行政档案管理工作受到高度重视，想要保证这一工作的顺利进行，必须提高领导干部对档案管理的重视程度，以传统工作为基础创新，不断完善行政档案管理制度，发挥制度具有的作用，促进各项工作的顺利进行。在行政档案管理创新发展中，充分利用创新转变流程，对档案管理人员指导，使其能参与新档案管理，掌握新的档案管理方法。提高制度的执行力度，保证档案管理人员按照要求开展工作，对员工查阅档案等行为进行规范，档案使用人员的基本信息，杜绝重要档案外借或拷贝。此外，应制定合理的奖惩制度，按照制度要求对违规人员处罚，使行政档案管理的有效性得以提升。

第三，加强人员培训，提高人员素质。在行政档案管理创新中，应考虑档案管理人员的综合素质产生的影响，对档案管理人员培训，不断提高档案管理人员综合素质，有利于促进行政档案管理朝着更好的方向不断发展。需要做好行政档案管理的宣传工作，对档案管理人员定期培训，将新的专业知识及管理技能传授给档案管理人员，将现代化的管理手段应用到行政档案管理中，切实提高行政档案管理的工作水平。同时，需要档案管理队伍建设，对行政档案管理的工作情况进行检查，结合工作情况对档案管理工作方法完善，做好相应的考核工作，促进行政档案管理的标准化及规范化发展。此外，需要培养行政档案管理人员的工作意识，能保持正确的工作态度，做好行政档案的维护及监督，及时指出行政档案管理中的问题，以此保证管理人员能够严格履行职责，维护单位的利益。

第四，更新管理设备设施，满足档案管理物质需求。在行政档案管理工作中，需要充分考虑行政档案的安全性，容易出现行政档案损坏的情况，应采用合理的手段对行政档案进行保护，提升行政档案的安全性。从纸质档案管理方面讲，需要将档案存放在环境适宜的档案室，做好档案室内的防潮、防虫、防火、防盗等工作，降低环境因素及外部因素对档案安全的影响，保证档案的完整性及真实性。从电子档案的管理方面讲，需要充分利用病毒查杀技术、备份技术、数据加密技术及其他技术，对电子档案进行保护，避免出现档案丢失、档案泄漏、档案被篡改等情况，从而保证档案的完整性及真实性。同时，需要增加档案管理的资金投入，根据工作需要对软硬件设备设施进行完善，确保软硬件设备设施的数量及性能符合需求，从而促进行政档案管理工作的顺利开展。

第五，加强行政档案管理信息化建设。为适应时代发展的要求，发挥信息化在行政档案管理中的作用，需要强化行政档案管理信息化建设，如采用条形码、扫描仪等进行行政档案管理。

二、人事档案管理

人事档案是指个人在各项公务活动中形成的各种资料和信息，包括个人经历、学历、资历等方面的证据，以及工作表现、业务能力和工作实绩等文件材料。它不仅与个人的工资待遇、社会劳动保障、组织关系紧密相连，而且还具有法律效用，是记载人生轨迹的重要依据。人事档案是人力资源配置的重要依据，为人事管理的深化改革提供了必要支撑。新时代，人事管理改革对人事档案管理提出了新要求，需要人事档案管理工作以统一的标准、规范的程序、先进的技术、较低的成本满足各方面对人事档案的使用需要。为此，要创新人事档案管理方式，构建科学的人事档案管理工作体系，保证人事档案的安全、有序、高效地流转。因而，人事档案管理具有真实性、可靠性、专一性和参考性的特点。人事档案管理工作随着市场经济的发展也在不断发展变化，其内容和要求也与时俱进，呈现出新的特征，在人事管理工作中发挥出越来越重要的作用。

（一）人事档案管理的意义

人事档案管理工作内容丰富、专业性强，贯穿于人才培养与使用的全过程，不仅记载着人才的发展经历，还包含了人才的奖惩信息，以及单位人才建设的进程。开展好人事档案管理工作，有利于更加科学、公平、公正地任命干部，既实现了人事档案的充分建设，又适应了人才配置的需要。为适应社会的需要，优化人事档案管理工作制度，还需要加大人事档案管理工作的力度，基于人事档案管理需求进行人事档案管理工作方式方法的创新，不断对人事档案管理工作方式方法进行优化，实现人事档案数据信息资源的科学化建设。

人事档案管理创新是实现人力资源工作创新的重要前提，在人力资源管理工作中不断加强人事档案管理改革，可以丰富人力资源数据信息，保证人事档案数据信息的完整性、真实性与时效性，从而为人才配置提供更加科学的依据。积极开展人事档案管理改革工作，可以引起全员对人事档案信息的重视，让所有人员基于人事档案数据信息更关注自己在工作中取得的业绩，明确工作中的优势与需要补充的短板，及时进行改进，实现事业发展。

（二）人事档案管理的要求

第一，档案采集数字化。面对着日益频繁的人事流转和海量的人事档案信息，以及人事管理工作内容的不断创新，需要构建科学、标准、规范的档案处理机制，进一步发挥数字化人事档案软件的基础性作用。人事档案管理必须采用科学的档案收储方式，依托计算机、"互联网+"、大数据等技术广泛汲取人事信息，运用自动化技术进行人事数据鉴别，自动进行人事档案的处理。例如，利用大数据技术提取专业技术人才科研成果和不同岗位人员的各种数据信息，为人事绩效考核奠定充分的数据基础。

第二，档案管理智能化。为了满足各方面对人事档案的使用需求，必须构建一个科学、有序和高效的档案管理体系，依托智能化平台对人事档案进行处置，以平台为载体督促各方面配合做好人事档案管理工作。可以说，智能化档案管理平台是简化人事档案管理的流程、提高人事档案使用的效率、实现人事档案的科学有序流转、推动人事档案管理创新的重要方向。①人事档案管理创新需要建设新平台，丰富平台的模块功能，涵盖人事档案管理各方面内容，细化相关部门及责任人的分工，做到有目标、有计划、有标准地进行人事档案流转。②运用平台合理划分各部门人事档案的管理权责，开发智能化人事档案管理终端，辅助基层快速调取人事档案数据信息，降低人事档案管理压力，充分体现信息技术优势。

第三，档案安全体系化。人事档案管理工作创新不仅要实现人事档案的实用价值，更要保证人事档案信息安全，有效防止人事档案应用中的信息泄漏。为了达到保证人事档案数据安全的要求，必须发挥各方面的积极作用，形成综合性的人事档案安全防控体系，要求各方面都应参与到人事档案管理当中，形成科学的人事档案管理安全防控体系。例如，基层员工应当配合及时上传人事变动信息，基层各部门需要监督和核对人事档案的真实性。技术部门负责对档案管理系统进行维护，合理划分人事档案的使用权限，档案技术部门应当有效防止档案管理系统存在的安全漏洞。人力资源部门和相关领导应当加强对各方面人事档案管理工作的监督指导，明确人事档案使用规划，基于人力资源战略对人事档案管理创新提出要求，从而推动人事档案管理改革的深化进行。

第四，档案共享精准化。人事档案建设成果最终体现在人事档案的使用上。只有发挥人事档案信息在组织建设、人才配置、人员培训、绩效考评、员工自我提升方面的积极作用，才能形成人事档案管理工作的闭环，构建人事档案管理改革创新的良性循环体系。在人事信息海量增加和人事档案使用需求增长的态势下，应当进一步保证人事档案供给的精准化，围绕发展战略、人才规划与具体项目需要提供人才信息。为此，还要运用大数据技术对人事档案进行充分挖掘，基于各方面的人才需求进行人才的灵活配置，在人事档案支持下有效促进企事业单位运转体系、组织方式、人才流转方面的改革，激发选人用人的活力，推动人事管理深化改革。

（三）人事档案管理的提升路径

1. 重视人事档案改革

为了发挥人事档案的基础性作用，提高人力资源配置的整体水平，必须高度重视人事档案管理工作，把人事档案管理工作上升到一定高度，夯实人事档案管理工作的建设基础

重视优化人事档案管理工作的运转机制，明确各方面的责任分工，基于人力资源管理战略构建人事档案管理工作规划。大力保障人事档案管理工作的规范化、标准化运转，对人事档案管理工作体系进行科学化梳理，激发相关人员的工作积极性，形成良好的人事档案工作配合氛围，并基于人事档案管理成果展示，推动全员重视人事档案工作的良好环境。

2. 优化人事档案资源配置

新时代人事档案管理改革创新，不仅要完善内部档案管理工作制度，加强各方面对人事档案管理的重视程度，更要形成人事档案流转的科学体系，构建内引外联的相关工作机制。

（1）形成内部的人事档案资源的流转机制，主动借鉴使用先进的人事档案管理工作模式，要求内部各部门、基层员工、档案部门充分配合人事部门开展人事档案管理改革创新。

（2）夯实人事档案管理交流机制，加强人事档案管理程序化建设，充分开展人事档案归档交流工作，合理设置划分各方面人事档案管理权责，基于信息化环境弥补人事档案管理力量的不足，从而提高人事档案上传与获取的方便性与规范性。

在人力资源部门的统一指导下优化人事档案管理流程，对人事档案数据信息进行整

合，真正把业务信息与人事档案整合起来，确保人事档案的真实、准确、完成。人事档案管理还要与高校、人事局、户籍部门及业务相关单位保持紧密合作，定期向基层员工开展人事档案信息征集工作，主动扩展人事档案数据信息的获取渠道，全方位收集人事档案信息，并开展人事信息真伪辨识工作，提高人事档案鉴别能力，实现人事档案一体化管理。

3. 加强人员的业务培训

人事档案管理具有智能化、专业化、创新化的特征，强调基于移动互联网环境构建广域化的人事档案应用体系。为此，人事档案管理人员不仅要熟悉"互联网+"工作环境，还要具备一定的信息挖掘能力，实现人力资源档案信息的深化整合。从事人事档案管理工作人员必须具备人事数据处理能力，能够鉴别电子档案的真伪，运用大数据技术进行人事档案整合，提高人事档案管理整体水平。相关部门还要加强专业技术人才培训，促进人事档案管理人员掌握新的软件系统，了解现代人事档案管理工作理论，增强对档案材料的鉴别能力及工作责任心等。

当前，还要保证人事档案管理工作队伍的稳定性，加强专兼职人事档案管理人员配置与管理，合理进行人事档案管理分工，鼓励档案管理人员进行相关技术的创新，形成相互融通的工作机制，从而构建人事档案管理工作的合力，为人事档案科学有序的流转奠定基础，不断提高人事档案建设工作质量。

4. 充分实现档案可用信息共享

共享化是新时代人事档案管理工作的基本特征，强调基于信息挖掘技术为各方面提供人事档案的充分支持，以推动人力资源管理的深化改革，实现人才的充分整合流转。但是人事档案具有较强的保密性，其中大量内容涉及员工的隐私，需要在一定的程度上进行开放。这就要求相关部门正确处理人事档案管理中的保密与开放的关系。

综合评估各方面对人事档案的使用需求，合理进行人事档案信息的供给，基于先进的评估办法、综合性的人事档案流转体系、严格的权限划分，实现人事档案的有限开放，从而提高人事档案的利用率。

重视加强人事档案的安全管理，进行人事档案管理系统评估，必要时由第三方对档案管理系统进行综合评估，及时弥补系统漏洞，以保证人事档案信息安全。

三、科技档案管理

科技档案是人们在从事多行业科研活动中留下的真实材料，其中凝结着无数科研工作者的智慧和心血，科技档案管理工作不仅整理珍贵的科技档案内容，更是见证了科技发展的历程。科技档案管理工作内容复杂，涉及面广，对专业技能有着非常高的要求，所以我们必须高度重视科技档案管理工作人员的培养，牢牢把握住科技档案管理工作质量关，在日常管理工作中着眼，不断提升管理人员的工作责任感，深度创新科技档案管理工作细节，从而使科技档案资源利用价值最大化。

（一）科技档案管理的特点

1. 科技档案管理的系统性

科技档案管理工作看似纷繁复杂，每一个科研项目的开展都是在详细考察的基础之上，以满足事物的发展规律进行的。而研项目是几个方向的专业学科知识交叉运用，这就形成了较为系统化的科技档案资料，详细记载了研究过程中每个学科内容的数据报告。

科技档案资料在分散之中又彼此紧密联系，系统性地呈现方式也是科技档案管理工作的特点之一，它对科技档案的规范化和完整化管理起到一定的约束作用，是科技档案归档整理工作的基本要求，重点体现在科技档案交接工作中。

2. 科技档案管理的专业性

科技档案管理有别于其他行业档案管理的一个显著特点就是专业性，主要表现在以下三个方面。

（1）归档内容专业。科技档案中蕴含了很多前沿技术研究内容，预示着科技未来的发展走向，是人们在长期从事科技活动中保存下来的专业资料，其内容涉及多个专业技术行业，专业之间有着紧密联系和区分特点，真实记录了各专业领域的科技成绩。

（2）管理人员专业。科技档案中涉及各个行业的科研成果，内容丰富且专业性强，尤其是一些专业术语，晦涩难懂，如果科技档案管理人员不具备专业的科研水平和档案学管理知识，那么科技档案按内容归档工作也就无法完成。

（3）服务形式专业。科技档案管理服务的受众群体以广大科研工作者为主，社会服务为辅。在服务形式上呈现出了专业性和及时性的需求，档案查阅者希望能够快速收集到与科研项目相关的科技档案信息，主要是因为科技研究是瞬息万变的，快速和准确是科技档案管理服务的基本要求，只有专业的档案服务形式才能满足科技档案受众人群的阅档需要。

3. 科技档案管理的综合性

纵观各个行业档案管理工作，我们不难发现，科技档案的归档目录和档案类型是较为复杂的，产生这种现象的原因主要是由于社会科技活动包罗万象，具有综合性的突出特点。

在诸多科技档案中，我们可以找到行业之间的共性问题，这其中既体现了科技档案管理的综合性，也展示了科技档案管理的重要意义，因此，在进行科技档案的归档、统计、分析、汇总等管理工作流程时，必须考虑到档案管理工作的特点，选择最合适的管理模式，确保科技档案管理工作规定的严格执行。

（二）科技档案管理的作用

第一，有利于推动科技进步。科技档案详实地记载众多科研项目的研究过程和真实数据，包含范围广泛，通过对科研档案的分析能够全面掌握某个领域科研成果的研究现状，并对其下一步科研工作的研究方向有了一个明确的认知，详细制订出符合科技进步规律的项目研究计划，并最终确定合理化科研方案，从而有力推动科技的长足进步。

第二，有利于节约人力资源。科技引领新时代的发展与进步，在这个科技腾飞的时代，生产线不断更新换代，科技产品日新月异，这些都离不开科研工作人员的日夜奋战。科技档案信息中的产品研发流程、试验数据、研究报告等资料都能够帮助科研人员少走弯路，将科研队伍力量集中投放到新产品的研发上面，积极促进科技成果转化为生产力。

第三，有利于避免重复研究。科学研究不是闭门造车，更不是停步不前，而是要随着社会的发展而不断前进。在前进的道路上需要借鉴和参考他人的研究成果，对于已经有了科研成果并推广效果十分显著的科研项目，此时科研档案资料将会给出更好的答案。通过查阅大量的科研项目档案资源，将其中的科研项目数据进行比对，针对科研数据较为详实且没有其他路径的方向，我们就可以不必在此问题上继续纠结，有效避免了科研项目的重复研究，节省科研经费。

（三）科技档案管理的目标

1. 摒弃落后的管理思想

我们要考虑到"利用"，统筹两方面工作的重要价值，协调发展，摒弃传统的重"管"思想，提升站位高度，将科技行业发展的新理念、新思想融入科技档案管理之中，争取在全单位各部门都展开《中华人民共和国档案法》及相关法律法规的学习，鼓励企事业单位职工有意识地强化档案管理工作思想认识，以主动服务的热情去投入到科技档案管理之中。

2. 整合现有的档案资源配置

各种新兴科技行业纷纷入市，科技档案类目增加，档案资源配置多样，科技档案管理工作不再仅仅只是管理档案，国家经济发展赋予了科技档案管理工作更多的任务和更高的目标。因此，我们要顺应时代发展需求，深度挖掘科技档案资源的利用价值，依法依规的开展科技档案资源服务工作，在档案管理工作积极宣传相关法律法规，扩展科技档案服务范围，把被动的保管科技档案资源转变为主动的收集科技档案资源，在规定允许范围之内，适当延长科技档案保管年限，便于科研项目研究数据的多年限对比工作。

以科技项目研究为主的企事业单位更应踏实做好科技档案管理工作，不断整合多样化的档案资源配置，积极运用现代化信息技术，通过科学有效的归档方式，打造查询便利、服务精准的科技档案服务工作。

3. 构建恰当的安全防护体系

科技档案资料的保密等级较高，尤其是一些我国科技行业重点项目的研究和创新产品的研发数据，是我国科技发展的宝贵财富，确保科技档案资源安全是科技档案管理工作的重要目标，也是保护科技成果不被窃取的关键手段。

我们科技档案管理工作人员积极构建档案安全防护体系，完善三级档案资源防护管理制度，有权限的开放科技档案资源，引入先进的信息技术及防病毒防黑客系统，从内到外的搭建好档案安全防护网。企事业单位的每个职工也要将档案安全工作纳入到绩效考核指标之内，做到全员参与，整体防护，把可能出现的安全风险扼杀在萌芽之中，不定期地修补安全漏洞，升级安全信息防护系统，全单位上下形成良好的安全防护意识，运用相关法律法规约束档案管理保密制度的执行，协调好"安全"与"共享"之间的关系。

（四）科技档案管理的优化措施

第一，强化档案管理意识。现代档案管理观念是共享，这就要求档案管理人员要树立主动服务理念，在保证档案不泄密的前提下让科研档案发挥应有的作用。单位领导层应加强对档案现代化建设的重视程度，应定期听取档案管理工作汇报，了解档案工作现状，加强档案管理工作的交流与合作。

第二，健全档案管理机制。科技档案信息化管理机制要求管理工作制度化、管理人员专业化、管理手段信息化。在信息化技术手段的支持下，实现科技档案管理工作的创新，构建完善的信息化科技档案管理机制，推动科技档案管理工作的发展，从而实现科技档案管理的数字化，适应信息化高速发展的时代背景，最大限度地实现科技档案的价值。

第三，加大基础设施投入。在信息化时代，科技档案已经超出了原有的内涵，其重要性及可利用价值将会越来越高，科研单位在档案管理上有必要建立现代化管理体系，根据科技档案管理工作需要添置空调、电脑、扫描仪、监视器等必需设备，夯实科技档案管理的硬件基础，加快推进科技档案的现代化管理进程。

总之，科技档案全面而真实地记录了科研项目从无到有的全过程，因此，我们要注重对科技档案的归档和整理工作，做到及时高效，保证科技档案的完整性。科技档案管理工作人员必须走进科研活动一线，深入了解科研活动完成的基本流程，对科研术语进行简单了解，才能在档案分类上实现规范化操作，为科技档案利用做好数据支撑，充分发挥出科技档案资源服务的经济效益和社会效益。

四、艺术档案管理

艺术档案是指文化艺术单位和艺术工作者在艺术创作、艺术演出、艺术教育、艺术研究、文化交流、社会文化等工作和活动中形成的，对国家和社会有保存价值的各种文字、图表、声像、实物等不同形式的历史记录。常见的艺术档案包括舞剧档案、乐谱档案、戏曲和戏剧档案等，它们都是宝贵的文化遗产，对于艺术的传承与保护具有重要意义。

（一）艺术档案管理的意义

第一，有利于优秀文化艺术资源的保护与传承。艺术档案管理是对艺术文化资源及其实物的保存和保管，通过文化艺术工作人员对艺术档案的收集、整理、保存、保管，特别是对一些珍贵的艺术档案和资料进行抢救性管理和保存工作，对今后的文化艺术研究、文化艺术创作、文化艺术发展都有着极其重要的意义，也有利于中华优秀传统文化艺术成果的保护和传承，有利于丰富我们的文化艺术资源层次，能带给更多的人以艺术精神享受，能陶冶人们的艺术情操和增进人们对艺术的感情。同时，这些文化艺术资源构成了我们国家的艺术财富，成为一张独具特色的文化名片。

第二，有利于促进文化艺术事业更好地发展。艺术档案管理，是将各类优秀的艺术资源汇集到一起，整理成体系，为我们的艺术创作提供借鉴，为优秀文化艺术的更好传承和发扬创造条件，它是我们文化艺术事业发展的源泉和支撑。当今，我国各民族的优秀文化艺术，以一种更加新颖、更加丰富、更具有时代特色的形式大放异彩，并深受各族人民乃至全世界的喜爱。这些文化艺术历经岁月沧桑而依然多姿多彩，离不开我们的艺术档案管理工作，是它留住了艺术精髓，保留了艺术内涵，才得以让我们的文化艺术事业有根可循，有源可依，才能为我们艺术事业的发展创新提供坚实的支撑。

（二）艺术档案管理的优化策略

第一，建构清晰的艺术档案管理体系。各地文化行政部门及其工作人员应以国家相关规定为基准，建立完整的组织领导架构，制定艺术档案收集与管理的制度体系，设置清晰的管理岗位，明确各岗位人员的具体工作职责，以增强管理人员的收集和管理意识；制定健全的艺术档案管理程序和管理规范，明确艺术档案收集范围、收集类型，明确管理措施，以此使艺术档案管理有据可依，有章可循。

第二，完善艺术档案管理的基础保障。艺术档案管理的质量与档案管理基础设施有很大关系，设施越完善，越先进，就越能提升艺术档案的管理有效性，提高艺术档案管理的安全性。①加大基础设施建设的资金投入，建立专门的艺术档案管理室、档案柜等，并分类、分区对艺术档案进行存放；②引入更先进的艺术档案收集设备，如高分辨率的数码相机、高清摄影机、便携式录音和视频设备、大容量的移动硬盘、高性能的笔记本电脑等，以提升艺术档案收集的效率和质量；要优化艺术档案保管环境，保障馆内温度和湿度以及光照度在最佳范围，同时，做好艺术档案的"八防"管理，定期对艺术档案保管状况进行安全检查。

第三，加强对艺术档案的加工整理。①要求文化艺术单位要确定好艺术档案归档范围，在收集中，要坚持收集的全面性、品质性、及时性等，对有价值的艺术档案进行收集。②要按照艺术档案的类别和属性等对档案进行分类加工与整理，按档案的内容、时间、材质、艺术类型等，对其进行分类归集，以便于艺术档案的查找使用。最后，要着重于艺术档案的数字化处理，使用专业设备对图片、文字、音视频等类型的艺术档案进行有效加工，建立数字化艺术档案库。

第四，加强艺术档案成果的转化利用。艺术档案是我国优秀文化艺术的根脉所在，也是一种宝贵的文化资源，加强艺术档案管理和成果转化，能丰富我们的文化艺术层次，激发文化艺术事业的发展活力。①结合市场经济规律，对不同类型的艺术档案作系统分析，根据其艺术特性，结合时代文化特点，将其融于现代文化体系中。可以以影视、戏曲、诗歌、舞蹈等途径，以一种群众喜闻乐见的形式表达出来，让更多的人认识和理解其艺术内涵，以实现更好的传承和发扬，实现艺术价值的更高升华。②积极地搭建文化艺术交流平台，简化艺术档案使用与转化程序，在确保艺术档案安全的前提下，通过各类丰富的艺术交流活动，促进艺术档案的转化利用。

五、城建档案管理

城建档案是指城市规划、建设、管理等有关活动中形成并归档的科学技术文件材料。这些档案是城市自然面貌和城市建筑物、构筑物、地上和地下管线等各项建设的真实记录。

（一）城建档案管理工作的重要性

1. 可以真实反映工程建设的流程

在各项工程开始筹备以及建设的过程中，通过重视工程档案管理记录工作，可以真实反映出工程建设活动，并且将工程建设活动信息有效提供给领导者和决策者。由于工程项目建设在开展的过程中往往具备一定的困难，具有复杂性和综合性的特点，稍不注意就有可能会引发安全问题以及质量隐患。要想对工程建设的相关工作人员追究责任，那么就必须要应用好工程施工的档案资料，并且结合质量终身责任当中的相关条款予以追究。工程建设人员在开展项目过程中，对于各个验收的施工质量需要进行签字认可，同时明确各个项目工程负责人员的责任。工程建设的相关负责人员通过重视档案管理工作，既可以有效维护工作人员的合法权益，同时又可以提高工程项目建设的质量，对于我国经济社会的发展具有促进作用。

2. 提升工程质量的管理力度

在开展建筑工程质量控制管理的过程中，相关的工作人员需要对工程建设的活动展开全面的质量管理，其中工程档案管理工作的实施，可以有效提高工程项目施工的质量。通过提前收集好相关的资料，提升档案卷宗的质量，加大对项目建设质量的监督管理力度，从而确保全过程的质量监督工作顺利实施。此外，在项目工程建设过程中，城建档案对于项目工程建设的维修、工程的腐败问题以及灾后重建等方面也发挥着十分重要的作用。所以，项目工程人员必须要认识到城建档案的重要性，通过加强对城建档案的管理和重视，引导各个部门以及各生产人员有效地利用档案约束和规范自己的工作方式，促使城建档案的作用和价值得到真正发挥。

(二) 城建档案的作用

第一，城建档案是一个城市发展的凭证。经过长时间的材料累积形成了资料庞大、涉及门类较多、涵盖建设项目范围广泛的城市规划建设档案，为城市的建设发展历程提供了依据和凭证，对城市化建设管理有重要经济和社会价值。城建档案以真实客观的科学技术性材料为依托，能精确全面地对城市化建设情况进行反馈，完整地记录了一个城市从无到有的全过程发展历史，对后续城市建设的可持续规划发展有着重要参考意义，对推进城市化有效的管理建设有提升价值，对后期建筑设施的安全运营和修缮起到监督管理凭证作用。

第二，城建档案的服务功能。城建档案以其本身庞大的资料涵盖面和丰富的内容，能够满足各类需求者对档案内容的利用和查询。城建档案分门别类的资源挖掘和分类进行的专题撰写有利于查询者对档案的合理利用和分析，不但增加了档案的信息流通程度，对城建档案的服务作用也起到很大程度的提升。"死"的城建档案变成了为众多查询者提供信息服务的"活"资料。城建档案以其提供的资料信息查询服务在一定程度上对社会经济具有保障价值。

第三，城建档案的文化载体功能。文化是一个城市，乃至一个国家重要的软实力。随着我国经济的高速发展，文化的地位越来越突出。城市建筑是一个城市经济、社会和文化的象征，城建档案中记载着一个城市发展的历程与文化，也传承着城市文化，在推动城市经济发展和文化发展方面起到了重要的作用。城建档案中记载着城市建筑的风貌与格局，从中我们可以通过分析、对比看出一个城市文化的发展过程。因此，城建档案可以作为城市文化的载体，记录一个城市文化发展历程，对研究城市发展和城市文化具有重要的指导意义。

（三）城建档案管理的提升对策

1. 转变档案管理理念，提升质量效率

在我国城市建设和发展的新时期，传统的城建档案管理工作方式，已经不能适应新时代社会发展的基本需要。在社会主义市场经济的体制下，各个行业都在不断进行与时俱进，提高自己的市场竞争力，实现自身的可持续发展。城建档案管理人员需要认识到档案管理工作的重要性，努力提升自己的服务意识，改变自己传统的档案管理工作理念，结合新时代社会发展对城建档案的基本要求，推动城建档案管理工作质量和效率的提升。

2. 加强档案服务职能，提高档案利用率

城建档案管理工作的主要目的就是为了服务群众、服务社会。所以在这种情况下，要想真正发挥出城建档案管理工作的价值，促使城建档案可以保证城市规划建设有据可循，提高城市规划的服务质量，提升人民群众的精神文明生活需求，那么城建档案管理人员就必须要重视起城建档案管理服务功能的增强。具体来讲，档案管理负责人需要加强对档案管理网络的建设力度，积极借助先进的互联网技术、计算机技术、云计算技术等，对城市的计算机网络目录中心进行设置，给予城建档案管理部门工作人员一定的权限，帮助管理人员能够迅速查询到所需的城建档案信息，为需要的用户服务。与此同时，为了更好地提升城建档案服务大众的力度，在建设城建档案网络信息系统的过程中，可以通过针对用户的需求以及偏好，应用好大数据技术，为今后的城建档案管理工作改革提供重要的依据，并且基于客户的需求，做好城建档案的管理决策工作。

此外，城建档案的相关负责人员还需要加强对档案资料信息传播途径的构建，在相关的领域当中，高效地应用好城建档案的资料，不断提升城建档案的管理服务职能水平。

3. 建设标准化体系，整合档案资源

城建档案管理信息化建设，可以与相关部门联合成立专门工作小组，积极开展档案信息化建设，该小组的工作职责主要是解决档案管理信息化建设过程中面临的问题，建设档案管理的标准化体系，促进城建档案信息化管理的高效进行和快速发展。另外，在进行城建档案信息化建设的过程中，应该通过问卷等方式向相关部门和群众进行询问，了解信息化建设过程中存在的问题，从而能够更好整合档案资源和完善档案信息化管理系统，使城建档案管理工作能够更好更快地进行，提高档案管理质量和效率，让档案能够更好地服务于社会。

4. 健全规章制度，建立奖惩机制

要想有效开展城建档案的管理工作，需要结合新时代社会发展对城建档案的基本要求，制定出档案管理工作程序，同时还需要结合有关城建档案的法律法规进行行业内部规章制度的完善，促使城建档案管理的信息资源安全性得到保证。为了更好地开展城建档案的收集与储存工作，相关负责人需要有效落实好以下几方面的工作内容。

（1）构建出统一化的城建档案管理工作标准，城建档案管理人员需要严格按照档案管理标准办事。

（2）明确档案管理人员的责任制度，确保管理人员分工明确，严格要求管理人员的工作内容，促使管理人员做好自己的本职工作。

（3）完善和制定出档案信息管理的安全体系，从而促使城建档案的信息资源安全性得到真正的保证。

（4）积极提升城建档案管理人员的工作能力和专业素质，加强对其职业道德能力的培训，在城建档案管理部门内部建立起完整的奖励惩罚机制以及考核机制，调动内部管理人员的工作积极性和主动性。对于一些表现优秀的城建档案管理人员，需要对其进行一定的物质激励，从而促使其主动融入城建档案的管理工作当中，提升城建档案管理工作的整体水平。

5. 加大投入创新管理，保障档案安全

在进行城建档案管理信息化建设的过程中，要做的就是完善基础档案。所以，档案管理相关部门应该加大资金投入力度，重视起档案管理信息化建设，促进城建档案的进一步发展。

积极创新档案管理方式，从而使档案管理的水平得到进一步提升。在档案信息化管理的过程中，面临的最大问题是信息安全的问题，在档案信息的输入、传输以及存储的多个环节中，都要注重考虑信息安全问题，档案管理部门应该与科技部门进行合作，研究如何在进行档案信息化管理的过程中保障信息安全。

第三节　档案管理的设计步骤

一、需求分析

档案管理对于任何组织都至关重要，它不仅有助于确保信息的有序存储和检索，还能帮助组织满足法律法规和业务需求。在进行档案管理系统的规划和实施之前，需要进行需求分析，以确保系统能够满足组织的具体需求和目标。

（一）确定组织的档案管理需求

了解组织的档案管理目标、范围和目的是需求分析的第一步。这包括以下几个方面的考虑：①档案管理目标：组织需要明确其档案管理的主要目标是什么。这可能包括确保信息的安全性、可访问性、完整性和可追溯性等。②档案管理范围：确定档案管理系统将覆盖的范围，包括哪些类型的文件和信息将被纳入管理范围内。③档案管理目的：了解组织为什么需要管理档案，可能是为了支持决策制定、合规性要求、历史记录保留等。

（二）识别关键利益相关者

确定谁将使用档案以及他们的需求是另一个关键的需求分析步骤。这涉及识别和了解与档案管理相关的各种利益相关者，包括但不限于：①高级管理层：他们可能需要访问档案以作出战略性决策。②部门经理：他们可能需要特定部门的档案以支持日常运营。③法务部门：他们可能需要档案以满足法律法规和法律诉讼的要求。④内部审计部门：他们可能需要档案以进行内部审计和合规性检查。⑤历史记录管理人员：他们可能需要确保长期保留的档案能够完整、可读并易于访问。通过与这些利益相关者沟通，可以更好地理解他们的需求，以便设计出满足他们需求的档案管理系统。

（三）确定法规和合规要求

了解与档案管理相关的法律法规和行业标准至关重要，因为档案管理通常涉及敏感信息和法律责任。这包括：①数据保护法规：确定个人数据的处理和保护要求，以确保档案管理系统符合相关隐私法规。②行业标准：了解与组织所在行业相关的档案管理最佳实践和标准，以确保系统的合规性。③法律诉讼要求：了解可能需要在法律诉讼过程中提供的档案和信息，以确保能够满足法庭的要求。④长期保留要求：确定需要保留的档案的时间期限，以便合规地管理和保存信息。⑤通过明确法规和合规要求，可以确保档案管理系统不仅满足组织的内部需求，还符合外部法规，减少了潜在的法律风险。

二、制定档案管理政策和流程

制定档案管理政策和流程对于任何组织而言都是至关重要的一项任务。这不仅有助于确保数据的安全性和合法性，还有助于提高组织的效率和透明度。

第一，制定档案管理政策是档案管理工作的基础。这一政策需要明确档案管理的基本原则和规范，以确保档案的完整性、可用性和可信度。其中，数据保护、保密性和合规性是不可忽视的方面。

第二，在数据保护方面，档案管理政策应确保组织的档案数据受到充分的保护，以防止数据泄漏、丢失或未经授权的访问。这可以通过建立访问控制、数据备份和加密等措施来实现。保密性也是一个关键考虑因素。政策应明确哪些档案需要保密处理，以及如何确保只有授权人员能够访问这些档案。这可能涉及建立严格的权限管理和审计机制。

第三，合规性是政策的另一个关键要点。组织需要遵守各种法律法规和行业标准，以确保档案管理的合法性和合规性。政策应明确这些法规，并确保档案管理流程符合相应的要求。

第四，与制定档案管理政策相辅相成的是设计档案管理流程。这些流程确定了如何在组织内创建、分类、存储、检索、保留和销毁文件和信息。以下是一些关键步骤：①创建档案：确定在组织中产生哪些文件和信息，以及如何标识和记录它们。②分类档案：制定明确的分类标准，以便快速准确地找到所需的档案。③存储档案：确定适当的存储方法，包括数字存储和纸质存储，以确保档案的安全性和可用性。④检索档案：设计检索流程，以便用户能够轻松地找到所需的档案。这可能包括索引、元数据和搜索工具的使用。⑤保留档案：确定档案的保留期限，并建立相应的档案销毁计划，以遵守法律法规。⑥销毁档案：制定档案销毁的安全流程，以确保敏感信息不会被不当处理。这些档案管理流程应该详细而清晰，以便员工能够轻松遵循。此外，流程还应定期审查和更新，以适应组织的变化和新的法规要求。

三、文件分类和标识

（一）建立分类系统

建立分类系统是档案管理的基础工作，它需要根据档案的类型、主题、形成时间、保管期限等因素，创建一种逻辑、一致的文件分类体系。这个分类体系应该能够覆盖所有的档案文件，确保文件能够迅速和准确地定位。在建立分类系统时，需要考虑的因素主要有：①档案类型：例如文书、图表、音频、视频等。②档案主题：可以根据档案的内容主题进行分类，例如人事、财务、采购等。③形成时间：可以根据档案的形成时间进行分类，例如年度、季度等。④保管期限：可以根据档案的保管期限进行分类，例如短期、长期等。为了便于管理和利用，分类体系应该具有层级性，例如一级分类、二级分类、三级分类等。同时，分类标签应该简明清晰，易于理解和记忆。

（二）制订标识方案

制订标识方案是为每个文件或信息资源分配唯一的标识符，例如文件号或条形码。标识方案应该与分类体系相结合，确保每个文件都能够被准确识别和定位。在制订标识方案时，需要考虑以下因素：①唯一性：标识符应该能够唯一标识一个文件或信息资源，避免重复和混淆。②可读性：标识符应该能够方便人们识别和读取，例如文字、数字、条形码等。③可变性：标识符应该能够随着文件的变动而更新，确保始终能够准确标识文件。为了便于管理和利用，标识方案应该具有规范性，例如文件号应该按照一定的规则进行编制，条形码应该采用通用的编码规则。同时，标识应该清晰可见，方便查找和使用。

总之，档案文件分类和标识通过建立分类系统和制定标识方案，可以实现对档案文件的快速、准确定位和有效管理，提高档案利用的效率和质量。

四、文件管理系统

文件管理系统是现代组织和机构中不可或缺的一部分，它有助于组织、存储和检索大量的信息和文档。在这方面，电子档案管理系统和实物档案管理系统都起到了至关重要的作用，它们分别在数字化和实体文件管理方面提供了不可替代的功能。

（一）电子档案管理系统

电子档案管理系统是一个利用计算机技术来管理、组织和存储电子文档的系统。它为组织提供了许多优势，主要体现在以下几方面。

第一，高效的文档检索。电子档案管理系统允许用户轻松地搜索和检索文档，无须翻找文件夹或纸质文件。

第二，文档共享和协作。团队成员可以在电子档案系统中共享文档，并进行实时协作，这提高了工作效率。

第三，版本控制。系统可以追踪文档的不同版本，确保了文档的完整性和可追溯性。

第四，安全性。电子档案可以受到密码保护和权限管理，确保只有授权人员可以访问敏感信息。

第五，节省空间和资源。不再需要大量的实体文件存储空间，这减少了成本和环境影响。

第六，备份和灾难恢复。系统可以定期备份文件，以防止数据丢失，并能够在灾难发生时快速恢复。

电子档案管理系统的实施需要精心规划和培训，以确保其有效运行。同时，组织需要考虑数据隐私和安全性的问题，以保护敏感信息不被未经授权的访问。

（二）实物档案管理系统

尽管电子档案管理系统的出现为数字化文件管理提供了强大的工具，但某些情况下，实物档案管理系统仍然不可或缺。这种系统专门用于组织、存储和维护实体文件和档案，具有以下特点。

第一，物理安全性。实物档案管理系统提供了实体文档的安全存储，可以防止未经授权的访问和损坏。

第二，法规合规性。某些行业或组织需要长期保存特定文件，例如法律文件或医疗记录。实物档案系统可以满足这些法规要求。

第三，历史记录。一些文件具有长期历史价值，例如历史档案、重要合同等，这些需要特殊的保存条件和保护。

第四，保密性。某些机构的文件可能包含高度敏感的信息，这些信息可能不适合数字化存储，因此需要物理保密。

第五，文件销毁和归档。实物档案系统可以有效管理文件的销毁和归档，确保不再需要的文件被安全地处理。

尽管实物档案管理系统在数字时代可能不如以往重要，但它们仍然在特定场合发挥着关键作用。组织需要仔细权衡数字档案管理和实物档案管理的利弊，并根据具体需求选择适当的方法。

五、文件检索和访问

档案文件的检索和访问是一个组织中非常重要的过程，无论是电子档案还是实物档案，都需要有效的方法来找到和获取所需的信息。这一过程涉及组织、分类、索引和授权等多个方面，它的效率和准确性对于组织的运作至关重要。

第一，文件组织和分类。文件需要按照一定的逻辑结构进行组织和分类。在电子档案中，这可能包括建立文件夹和子文件夹，使用合适的标签和关键词。在实物档案中，文件需要存放在明确定义的位置，并根据一定的分类体系进行摆放。

第二，索引和元数据。为了能够迅速找到文件，索引和元数据是不可或缺的。在电子档案中，元数据可以包括文件的创建日期、作者、关键词等信息，而在实物档案中，索引可能包括文件的编号、摆放位置等。

第三，电子检索工具。对于电子档案，使用强大的检索工具可以大幅提高检索速度。这些工具能够搜索文本内容、元数据以及文件属性，以快速定位所需文件。

第四，物理检索系统。实物档案的检索通常需要依赖物理索引系统，如目录、标签和档案盒。这些索引系统需要维护和更新，以确保准确性。

第五，权限控制。为了保护敏感信息，组织需要实施权限控制。这意味着只有授权人员能够访问和检索某些文件，确保了信息的安全性。

第六，访问审计。对于一些机构，需要记录文件的访问历史，以便审计和追溯。这可以帮助确保文件的合规性和安全性。

第七，教育和培训。组织中的员工需要接受培训，以了解如何使用检索工具和系统。他们需要知道如何有效地搜索和访问所需文件，以提高工作效率。

第八，文档生命周期管理。了解文件的生命周期是重要的。这包括文件的创建、使用、存储和销毁。适当管理文件的生命周期可以帮助组织降低存储成本和法律风险。

档案文件的检索和访问是档案管理的关键环节之一。它不仅影响到组织的运营效率，还关系到信息的安全性和合规性。因此，组织需要制定明确的档案管理政策和流程，并投入足够的资源来确保这些政策的实施。有效的文件检索和访问系统可以帮助组织更好地利用其信息资产，提高竞争力并满足法规要求。

六、文件保留和销毁策略

文件保留和销毁策略是组织内部档案管理的重要组成部分。它们规定了文件的保存期限、归档规则以及合规性要求，确保了文件的合理管理、安全存储和最终的安全销毁。这些策略不仅有助于减少数据泄漏和法规违规的风险，还有助于提高操作效率并降低存储成本。

第一，文件保留期限。确定文件的保留期限是制定文件保留策略的首要任务。不同类型的文件可能有不同的合规性和业务需求，因此需要详细考虑文件的用途、重要性和法规要求。例如，财务记录可能需要保留七年，而某些合同文件可能需要保留更长时间。

第二，归档规则。归档规则指导文件何时被移动到归档存储中，以腾出主要存储空间供活动文件使用。这包括文件的状态变更、元数据的更新以及访问权限的变更等方面。合适的归档规则可以确保只有需要的文件保留在活动存储中，提高了检索效率。

第三，合规性要求。各个行业和地区都有不同的法规要求，规定了特定类型文件的保存期限和管理要求。组织需要了解并遵守这些法规，以避免法律责任。例如，医疗机构需要遵守医疗记录保留法规，金融机构需要遵守金融交易合规性法规。

第四，文件销毁程序。文件销毁程序规定了何时以及如何销毁不再需要的文件。这包括物理文件的纸张碎裂、电子文件的安全删除以及相关的记录和审计。销毁程序应该确保文件无法恢复，并符合法规要求。

第五，备份管理。备份文件通常也需要考虑在文件保留策略中。确定备份文件的保留期限和归档规则，以避免不必要的数据积累和存储成本。

第六，教育和培训。组织内的员工需要了解文件保留和销毁策略，并且知道如何正确执行这些策略。培训可以帮助员工避免不当处理文件的错误，确保合规性和安全性。

第七，监督和审计。定期审计文件保留和销毁的实施情况是非常重要的。审计可以发现潜在的问题和改进机会，确保策略的有效性。

总之，文件保留和销毁策略对于组织来说至关重要。它们不仅有助于合规性和安全性，还有助于提高操作效率并减少存储成本。有效的文件管理可以确保文件的完整性、可用性和可追溯性，从而使组织能够更好地管理其信息资产。定期审查和更新这些策略是确保其持续有效性的关键步骤。

七、技术支持和安全性

在现代档案管理系统中，技术支持和安全性是不可或缺的方面，它们确保了文件的可靠存储、保密性和合规性。这两个方面的有效管理对于组织来说至关重要，可以帮助其有效地利用信息资源并防范潜在的风险。

（一）技术支持

第一，系统维护和更新。档案管理系统需要定期维护和更新，以确保其性能良好并充分满足组织需求。这包括操作系统、数据库、应用程序等方面的维护工作。

第二，用户培训。组织中的员工需要接受培训，以了解如何正确使用档案管理系统。培训可以帮助他们更好地利用系统功能，提高工作效率。

第三，故障排除和支持。提供有效的技术支持是确保系统正常运行的关键。组织需要建立一个可靠的支持团队，能够及时解决用户遇到的问题和故障。

第四，性能监控。定期监控系统性能是及时发现问题并进行修复的关键。性能监控可以帮助预防系统崩溃和数据丢失。

第五，系统集成。如果组织使用多个不同的系统，确保它们能够有效集成是非常重要的。集成可以帮助实现数据的无缝流动，提高工作效率。

（二）安全性

第一，数据加密。档案管理系统中的数据应该采用加密技术，以防止未经授权的访问和数据泄漏。这包括数据在传输和存储时的加密。

第二，身份验证和访问控制。只有经过授权的用户才能访问敏感文件。强化的身份验证和严格的访问控制是确保文件安全的关键。

第三，备份和灾难恢复。定期备份文件是防止数据丢失的关键步骤。同时，需要制定灾难恢复计划，以应对不可预测的情况。

第四，合规性。组织需要遵守适用的法规和法律要求，特别是对于敏感信息的保护。

确保系统满足合规性要求是防止法律责任的关键。

第五，安全培训。员工需要接受安全培训，了解如何正确处理敏感信息和文件。社会工程学攻击和网络钓鱼攻击是常见的安全威胁，员工需要具备识别和防范这些威胁的知识。

总之，技术支持和安全性是档案管理系统不可或缺的两个方面。技术支持确保系统正常运行和高效利用，而安全性则保护文件的完整性、可用性和保密性。在数字化时代，数据安全问题日益严重，因此组织需要投入足够的资源来确保其档案管理系统的可靠性和安全性。只有通过有效的技术支持和安全性措施，组织才能更好地管理和保护其重要信息资源。

八、意识树立与专业培训

档案管理不仅仅是一个组织内部的任务，更是一项需要广泛意识树立和专业培训的重要职能。建立强大的档案管理文化和提供高质量的专业培训可以帮助组织更好地管理其信息资产，提高操作效率，确保合规性，并减少潜在的风险。

（一）意识树立

第一，领导层的重要性。档案管理的意识树立必须从组织的高层开始。高级管理层需要认识到档案管理对于组织的重要性，并为其提供足够的支持和资源。

第二，员工培训。所有员工都需要了解档案管理的基本原则和最佳实践。这可以通过定期的内部培训课程来实现，帮助员工了解文件分类、归档、检索和销毁等基本概念。

第三，合规性培训。特定行业的合规性要求和法规可能需要特殊的培训。例如，医疗行业可能需要员工接受有关医疗记录保留法规的培训，金融行业可能需要员工了解金融交易合规性法规。

第四，持续宣传。组织可以通过内部宣传活动和通信渠道来不断提高档案管理的意识。这可以包括发布关于最佳实践、成功案例和法规更新的信息。

（二）专业培训

第一，档案管理课程。为了培养专业档案管理人员，组织可以提供档案管理课程，涵盖档案管理的各个方面，包括电子档案和实物档案管理。这些课程可以帮助员工掌握档案管理的核心原则和技能。

第二，认证计划。参加档案管理认证计划是培养专业人员的有效途径。这些认证计划通常由国际档案管理协会等专业机构提供，可以为档案管理人员提供认可的资格。

第三，持续教育。档案管理领域不断发展，新技术和最佳实践不断涌现。因此，提供持续教育机会，使档案管理人员保持最新知识和技能非常重要。

第四，实践经验。专业培训应该结合实际工作经验。为学员提供机会参与真实的档案管理项目，以应用他们所学到的知识和技能。

第四节 档案管理模式创新策略

完善的档案管理模式是做好档案工作的重要前提，需要建立一套详细的档案管理模式，使档案管理工作适应整体工作的推进。

一、健全管理制度

档案管理模式的创新优化少不了强有力的制度支持，这就要求组织结合自身实际情况，健全档案管理制度，以此更好地应对由组织转型领导交替带来的档案管理不规范问题。

第一，制定规范化制度框架，明确制度制定的方向，确保制度框架实效。

第二，对制度框架进行细化，依据档案管理工作内容及各岗位职责标准，给出标准行为规范，对档案管理人员产生一定指导与约束。此外，以档案管理部门为主导细化制度，结合工作细节进行完善，突显档案价值，完成初步档案制度制定后，邀请业务科室结合自身档案应用调阅情况提出建议，对档案制度进行补充，以此提升档案管理制度实际效果，使后续档案管理工作能够在规范化制度指导下有序推进。

第三，档案管理制度应具有一定约束力，约束档案管理人员的工作行为，并对其他业务科室人员的档案调阅行为产生限制，提升档案管理全过程对档案资源的保护，降低档案篡改、丢失、窃取隐患。

第四，在规范性、约束性制度条例外，辅以绩效制度、激励奖惩制度等，赏罚分明，对于优异员工进行奖励，形成一定激励，对于管理失误犯错的员工，则须进行惩罚，借助绩效奖惩增强档案管理工作活力，调动档案管理人员工作热情，以此更好地促进高效档案管理模式的形成。

二、优化管理流程

组织在精细化档案管理期间，要对各个环节进行细节完善，优化管理流程，总结现有不足，进一步提升档案管理效益。

第一，针对档案管理需求评估的流程有效性，对管理工作步骤进行调整，使档案采集、补充、鉴别、移交、借阅等关键环节更为精细化，借助精细化管理流程规范工作行为，降低领导交替对档案管理工作的不利影响。

第二，根据档案管理制度及岗位标准，结合上级部门对档案管理工作的要求，进一步规范档案各级目录的管理，确保内部档案管理目录与上下级档案目录一致，以此便于组织业务工作的开展。例如，开展全面统查，核对上下级档案目录，确保目录一致。此外，若因业务变动而出现档案目录变化时，要及时上下传递，以此保障目录统一性。

第三，在新时代背景下，组织逐步开展档案扫描工作，将传统纸质档案转化为电子档案，为后续档案利用提供便利，同时要注意保障档案安全性，重点针对档案移交、借阅工作进行精细化传输管理，通过多层加密确保档案能够安全完整传输，将精细化管理思想融入档案管理工作的各个环节中。

三、衔接管理模式

组织开展档案管理信息化、精细化工作，将形成更为高效的档案管理模式，为切实激发出新管理模式的优势，应做好新旧档案管理模式的衔接过渡。

第一，在档案信息采集、归纳、筛选环节中，须保留传统档案管理模式对于基础业务工作的严谨态度，认真对待，但在此期间，可引入信息化管理手段，借助大数据技术提升档案信息采集效率，降低人工误差，坚守传统严谨态度，引进先进管理手段，取长补短，以此搭建更具实效的档案管理模式。

第二，搭建一体化管理模式，明确传统档案管理模式与信息化档案管理模式的利弊，相互补充，以此形成更符合组织实际情况的档案管理模式。

随着组织的发展，其产生的信息数据不断增加，面临庞大档案信息，传统档案管理模式将产生极大压力。而信息化档案管理模式可依托于互联网，将纸质档案转变为电子数据，降低空间存储压力，同时可按照档案重要程度或保存年限，对部分价值较低的纸质档案进行销毁，仅保留电子档案。

在安全保护方面，传统档案管理模式已形成了规范化体系，但在信息化档案管理模式下，电子档案面临网络安全威胁，此时应相互补充，进行异地存储，防止出现电子档案丢失现象。

在信息更新方面，传统档案管理模式较为烦琐，须消耗大量时间精力，此时可在信息化的管理手段下，基于档案信息化管理系统进行删除、添加、保存等工作，提升档案实效，确保组织内部员工所调阅档案均为正确真实信息，完成电子档案更改后，陆续调整纸质档案内容，以此提升档案管理模式效率。在新旧档案管理模式的优势互补与相互作用下，将极大提升档案管理质量，提升管理效益。

第三，在新旧档案管理模式衔接过程中，要加强对档案管理实效的关注，对档案采集、补充、整理、鉴别、移交、借阅等主要工作内容进行详细记录与跟踪监督，结合管理模式实际应用情况进行调整，逐步优化，以此提升新档案管理模式的综合效益。

四、完善设施建设

在组织转型的过程中，档案管理存在资金紧张问题，继而出现了信息化设备短缺，面对该问题，要做好现有资源设施的利用，对于闲置或利用率低的设施设备进行调剂或出租，以此缓解因资金紧张引发的信息设备问题。对于现阶段档案管理而言，要以良好的硬件基础为支撑，确保档案管理工作能够顺利推进。

第一，完善档案室基础设施，在室内设置无死角摄像监控，杜绝一切违规调阅行为，安装温湿度计量器，确保档案内部环境适宜，使档案在干燥环境下完整保存，避免潮湿与虫蛀。

第二，积极引进档案信息化管理相关设备，如计算机、扫描输入输出设备、数据存储设备等硬件设施，为数据转化存储奠定基础。

第三，引进先进档案信息化管理系统，为全面搭建信息化档案管理模式奠定基础，在此基础上引进检索系统、文件管理系统、鉴定管理系统，同时结合组织实际情况逐渐优化，以此推进档案管理模式的进步。

五、加强安全管控

组织部分档案具有保密性、私密性，要在档案管理期间加强安全保护，避免泄漏，而在现代化档案管理工作中，已逐步开始了信息化建设工作，档案管理工作实现了线上、线下同步管理，在此形势下，不仅须做好线下原始纸质档案的安全管理工作，更须重视电子档案的网络安全，强化安全管控。

第一，搭建健全高效的安全管理机制，制定档案安全制度，健全责任制度，完善追责体系，以此引起档案管理人员对档案安全的重视。

第二，引入并落实现阶段行之有效的安全防范措施，改良优化传统防火墙，增加加密监控技术，消除病毒隐患，避免组织档案被恶意窃取或篡改。

第三，形成规范化安全防控体系，定期组织安全检查工作，检查档案信息化系统运行环境及线路设备，判断其是否存在潜在隐患，在此基础上进行维护更新。此外，将病毒、木马的查杀工作视为日常工作项目，将安全防护措施落实到位，全方位提升档案管理安全性。

六、打造专业团队

人员团队在档案管理工作中起到关键性作用,其行为思想能够决定档案管理模式的优化情况,为切实提升档案管理效益,管理人员要具备过硬的专业技能及创新思维,主动应对新时代变革,引进先进管理思想与技术。

组织在搭建高效档案管理模式时,要打造一支专业团队,做好档案管理人才培养工作,采用人性化管理手段使其认可自身工作,以此更好地投入档案管理工作中。

第一,组织引进新管理方法或新技术前,要组织相应的培训工作,确保档案管理人员能够准确应用新技术与新方法,以此打造一支集创新思维、计算机素养、档案管理专业技能的高素质专业团队。

第二,定期组织档案管理人员技术交流活动,还可带领档案管理团队到兄弟单位或上级单位学习管理方法,积累经验,通过走访调研开阔视野,为优化档案管理模式奠定基础。

第三,定期组织档案管理人员考核,考核内容包括档案管理技能、信息化系统操作、职业理念与态度等,并以考核结果为依据予以奖惩,对其产生督促效果,以此不断提升档案管理人员素质,促进档案管理效益的增长。

第四章　档案管理的信息化建设

第一节　档案信息化建设

信息化是充分利用信息技术，开发利用信息资源，促进信息交流和知识共享，提高经济增长质量，推动经济社会发展转型的历史进程。"在开展档案管理工作时，有关单位必须做到与时俱进，把现代技术融入档案管理工作中，并借此完善现代档案的信息化建设，克服传统档案管理模式的缺点，提高现代档案管理工作的质量和效能。"[①] 档案信息化，就是在档案管理活动中全面应用现代信息技术，对档案信息资源进行处置、管理和为社会提供服务，加速实现档案管理现代化的进程。对于档案信息化建设来说，保存方式的变化是其建设的核心，运用数字化的管理方式进行档案管理，可以更好地达到长期保存档案信息的目的，更好地进行档案信息的查询，实现档案信息资源的共享，有效提高档案管理的能力。

一、档案信息化建设的意义

第一，档案信息化有利于提高档案馆工作效率和现代化水平。长期以来，传统载体档案实体及相关的档案业务主要靠手工操作，难以满足社会和档案事业自身发展要求。以信息化手段建设数字档案馆，充分应用先进的信息技术，建设数字档案信息资源体系，实现档案业务自动化、网络化管理，将提高管理效率和现代化水平。

第二，档案信息化有利于促进公共档案服务能力拓展，实现档案信息资源的社会共享。拓展档案馆的公共档案服务能力是档案馆工作改革的主要方向，实现档案信息资源的社会共享是国家档案信息建设的根本目标，通过档案信息化建设，依靠计算机网络的信息传输途径，可以最大限度地延伸开放档案信息公共服务的覆盖范围，使档案信息利用不受空间和时间的限制。

第三，档案信息化有利于促进国家信息资源总量增加、质量提高和结构优化。档案信息资源是国民经济与社会发展的基础性战略信息资源，是国家信息资源的重要组成部分。

---

① 林伟娟. 档案信息化建设与档案管理的几点思考 [J]. 文化产业，2022，(33)：16.

各级各类档案馆是国家各类档案信息资源的集散地，是电子政务所产生的电子文件的归宿。通过档案信息化建设，一方面将馆藏存量传统载体档案转换为数字信息，建立起各类档案数据库，促进国家信息资源总量增加；另一方面，及时采集、整合和管理各类电子档案信息，建立数字档案资源库，促进国家档案信息资源的结构优化和管理与服务质量提高。

第四，档案信息化有利于提高各级政府公共服务能力。可以充分应用先进的信息技术，构建开放、高效、便捷的档案信息服务平台，以社会大众的档案利用需求为导向，整合各类数字档案信息资源，面向社会大众提供优质、快捷的档案信息服务，提高档案馆公共服务能力。

第五，档案信息化有利于促进社会主义文化的发展繁荣。应用先进的信息技术手段，能够有效地保存档案、维护历史、延续人类社会记忆、传承文化与文明，更大范围地传播中华文明，促进社会主义文化繁荣和社会和谐。档案信息化既可以避免查阅者利用原件时对档案造成有意或无意的损毁，也可以通过互联网传播，极大地丰富网上中文信息资源，加强我国对外文化交流，弘扬中华优秀传统文化。

第六，档案信息化有利于满足广大人民群众对信息服务的现实需求。各级各类档案馆是国家政务信息、公共信息的永久保存基地，是档案信息利用中心。人们只有通过网络共享平台查阅所需档案信息才能真正提高档案利用率，扩大社会影响，满足广大人民群众对档案信息服务的现实需求。

二、档案信息化建设内容

（一）档案信息化基础设施建设

基础设施是档案信息化建设的物质要件，是档案信息资源开发利用和信息技术应用的基础。软硬件基础设施的核心是信息网络，如何充分利用公共网络环境构建符合特定要求的档案信息网络平台，是档案信息化基础设施建设的重要内容。

软硬件基础设施的核心是信息网络，如何充分利用公共网络环境构建符合特定要求的档案信息网络平台，是档案信息化基础设施建设的重要内容，主要有：①主机房；②网络平台；③服务器及存储备份设备；④终端设备；⑤档案数字化设施、设备；⑥音视频等其他硬件设备；⑦基础软件等。

（二）档案信息资源建设

档案信息是国民经济和社会发展的战略资源之一，它的开发利用是档案信息化建设的核心内容，标志着档案信息化发展的水平，决定了档案信息化建设的成效。档案信息资源建设的具体任务有以下几项。

第一，档案目录数据库建设。档案目录是档案信息资源与档案用户之间的桥梁，也是档案资源管理的必要工具。档案机读目录又称电子档案目录，根据目录著录对象的不同，分为机读文件目录和机读案卷目录等。

第二，电子文件归档管理。文件是档案的前身，在电子文件或称数字形式的文件占形成文件比重越来越大的今天，电子文件将成为未来档案的主要来源。必须加强对电子文件的归档管理，制定电子文件归档管理规范，实现从电子文件到数字档案的"无缝链接"。

第三，传统载体档案的数字化。档案数字化是指将传统介质的纸质档案、缩微档案、声像档案等通过扫描、拍摄、采集转换成为数字化数据的过程，是解决传统档案信息对数字环境的不适应性而采取的技术措施，也是一项解决"存量档案"的阶段性工作。随着办公自动化的发展，电子文件将逐步替代非数字文件，档案数字化的任务将逐渐减少。

（三）档案管理应用系统建设

档案管理应用系统是指以档案信息资源为内容，以档案资源管理、共享为目的，以信息技术及其软硬件设施为手段而构建的各类档案信息管理系统。档案管理应用系统建设作为档案信息资源管理的技术保障，关系着档案信息化建设的速度与质量，体现了档案信息化建设的成效。

档案管理应用系统目前主要有针对不同应用环境开发的各类档案管理软件，基于政务网的文件档案数据库系统、基于互联网和政务网的档案网站、基于实体馆藏综合各种信息技术而建立的数字档案馆等。档案管理应用系统主要功能有：①接收功能；②管理功能；③保存功能；④利用功能；⑤系统管理功能以及具备身份认证等功能。

（四）档案信息安全保障体系建设

档案信息不同于一般信息，记录着社会活动的历史过程。档案中有相当部分内容包含敏感信息，具有保密性和利用限制性。这些信息一旦泄密或被非法利用，将威胁国家的安全，损害公众的利益，影响社会的稳定。因此，必须建立安全保障体系来严格管理对档案信息的合理利用。

（五）档案信息化人才队伍建设

人才是信息化建设的成功之本，重视信息化人才的培养，提高档案从业者的信息素养和信息技能，造就一支适应档案信息化建设需要的人才队伍，是档案信息化建设的重要内容。与其他行业相比,档案信息化人才队伍建设形势比较严峻,人才资源紧缺严重制约着档案信息化建设的发展,档案信息化不仅需要一支既懂信息技术又懂档案的专业队伍,更需要全行业信息化意识和知识水平的提高。

三、档案信息化建设的有效措施

(一) 转变档案管理观念

为了更好地推动档案管理的信息化发展,有必要转变单位领导和档案管理者的观念。

第一,作为单位的领导者,必须认识到信息化时代档案管理的重要性,充分加强信息技术在档案管理中的运用,加强档案管理人力、物力的投入,为有效实现档案信息化管理提供必要的人力和设备支持。

第二,对于档案管理者来说,需要正确认识自身工作的重要性,熟悉和掌握档案法的相关规定,注重提高自身的业务素质。

第三,对于档案部门来说,有必要定期组织档案管理人员进行相关专业培训,有效提高档案管理人员专业水平,更好地推动档案管理信息化建设。只有上层领导人员意识到档案信息化的重要性,才能在进行档案管理的过程中做好带头示范作用,有效保证档案信息化的实行,更好地促进档案管理工作的进行。

(二) 提高档案管理人员的整体素质

档案信息化建设要着力培养档案管理人员的信息化管理能力,切实加强对档案管理人员的教育和培训,提高他们的综合素质,档案管理人员必需要在推进档案管理信息化建设方面进行深入的学习和研究,在对档案管理软件应用发挥积极作用的同时,也要在推进档案管理信息化创新方面实现新的突破。要在档案管理平台建设方面进行持续创新,将大数据技术应用于档案管理工作,提高档案管理工作的数据化水平。

相关部门要积极建立人才档案信息化建设机制,从而加强人员管理意识,切实做好执行工作,配合协调各项工作有序开展,不断提高信息化水平,为单位档案信息的衔接和共享创造有利条件。对此,档案管理人员要积极进行信息化技术以及计算机技术的学习,有效运用相关硬件设施,更好地实现档案管理的信息化使用。

(三) 加强电子文件管理

设立专门的电子文件管理部门,负责电子文件的管理和保存以及电子文件资源的整合,以提高电子文件管理的效率。加强有关人员对电子文件的管理,注意电子文件的传递、接收、保存等，确保电子文件的管理顺利进行；最后，许多电子文档都应及时提交，相关人员必须及时处理电子文档的过期问题，以避免在使用过程中出现时间错误。

此外，对于一些长期使用的电子文件，要定期备份和复制电子文件，以避免丢失电子文件，在进行有效的电子信息文件保存的同时，也方便日后的信息查询。

（四）建立档案管理信息平台

为了提高档案管理的效率，有必要建立档案管理信息平台。在互联网时代，要充分发挥网络优势，在单位内部建立相应的管理网站和信息服务平台，加强相关网络档案的利用，使信息管理更好地应用于档案管理。

档案单位要加大信息设备的投入，使档案管理人员对设备的使用感觉更加舒适。好的信息设备不仅能提高档案管理的效率，还能最大限度地保证档案管理的安全。此外，由于档案管理信息量大，单位有必要定期更新和升级设备，以满足档案管理信息化建设的需要。

（五）加强档案资料的收集

在档案管理工作中，档案资料的收集工作是基础性环节，也是重要的一环。在这个过程中，信息化系统必须无缝对接，确保各项文件资料及时、完整、广泛地收集。进入信息化时代，组织在运行中会产生大量的数据，但由于资料编制部门众多，业务档案之间存在一定的差异，只有档案管理人员在具体工作中对各类业务档案进行分类管理，才能保证后续档案的有效利用。

在电子文件收集过程中，一方面，档案管理部门必须控制电子文件，而有效的控制可以提高文件资源的安全性；另一方面，可以提高文件的可读性，以支持基础文件资源的开发和使用。为了显著提高记录管理的级别和质量，记录管理人员必须具备现代信息技术方面的操作技能，如熟练使用存储技术，以满足实际的记录信息管理需要。随着电子档案数量呈指数级增长，档案管理部门要选择合适的计算机记录管理软件，以优化软件系统开发并提高记录管理的效率和质量。

（六）加大软硬件投入力度

相关单位要高度重视信息化建设，同时结合国家法规要求，加强档案管理信息化的投入，为档案信息化建设打下坚实的基础。在具体实施过程中，要从档案信息化管理的整体发展状况入手，对其进行科学规划和系统设计，逐渐加大相关方面的投入力度，特别是在硬件投入和软件建设方面进行优化和完善，切实加强档案管理数据库和通信方式的科学建设，以提高档案管理信息化的整体水平。

档案信息化建设的主要目标是简化档案工作，提高档案信息利用率，充分展示档案信息的价值和功能。因此，可以积极采用先进的技术和设备，利用扫描仪和智能识别技术，实现文字、图片、音频数据向数据信息的转换，合理利用统计分析软件处理档案数据。云计算技术在数据存储和更新过程中的合理应用可以有效降低管理成本，利用云计算技术建立的归档平台可以在短时间内完成存储、搜索和传输数据，同时也维护了数据信息的安全性和完整性。

档案管理部门要正确认识档案信息化建设的意义和价值，认真分析目前档案信息化建设和管理中存在的问题。在新时代发展的大背景下，转变传统档案管理理念，优化档案管理信息化水平，以信息技术为基础，确保档案管理更加高效、规范、有序，促进档案管理事业的进一步发展。

第二节 档案管理的技术应用实践

一、计算机档案管理技术

计算机档案管理已经由单机、局域网环境向联机、广域网环境和数字档案馆的方向发展。计算机技术应用于档案管理的主要领域有：档案计算机著录和自动标引、计算机档案编目和检索、计算机辅助立卷、文档管理一体化、档案原文存贮与检索、计算机档案业务工作辅助管理、档案资料的自动编辑、档案保管环境的自动控制、字迹褪变档案的信息增强和恢复性处理、多媒体档案信息存贮和管理、档案管理网络化和信息化等。

（一）计算机档案著录和自动标引

计算机档案著录就是由计算机辅助人工来完成对反映档案文件外部和内部特征的各种信息，包括文件编号、档号、题名、责任者、分类号、主题词、密级、保管期限、规格的采集和编排，使之有序化的过程。

（1）计算机档案著录的一般流程。

第一，档案信息的采集。档案信息的采集是指对将要著录的档案收集其手工著录卡片、案卷目录或文件目录、档案原件等相关的原始材料，为档案信息著录做好准备。

第二，档案目录数据库的建立和项目设置。具体包括：建立档案目录数据库、设置档案著录项目、定义项目类型和长度等。目前，很多文档管理软件已经设置好了文书档案数据库著录项目格式，向用户提供其他种类档案（如会计档案等）数据库的建立、著录项目的增、删、改功能。档案部门应按照现行规定的要求，并结合本单位档案工作的具体情况设置著录项目、定义项目类型和长度。

第三，数据输入与保存。数据输入是指将手工著录卡片、案卷目录、文件目录、档案原件等按照数据库设置的项目格式输入计算机的过程。

（2）档案自动标引。档案自动标引，是指采用计算机技术自动对档案文件（案卷）的题名、摘要或正文进行扫描和词频统计，直接抽取关键词或对照机内主题词表和分类表将抽取的关键词规范成主题词或分类号的过程。从标引的深度来看，档案自动标引有全文主题标引和题名主题标引，从标引技术的应用来看，包括抽词标引和赋词标引；从选用的标引词来看，包括关键词标引和主题词标引。由于受到汉字输入、存储容量及软件技术的限制，目前档案部门大多采用题名关键词自动标引，有的单位已经开始了全文主题自动标引和全文自动标引系统的研制工作。

（二）计算机档案编目和检索

计算机档案编目是在对档案机读目录进行处理的基础上，利用计算机的检索、排序和打印技术，将计算机内的档案目录信息按照一定的规则体系集合排列，自动编辑和打印各种档案目录的过程。

（1）计算机档案编目的过程。

第一，按照用户的需求，在档案目录数据库中检索、收集相关的目录信息，保存在一个临时的数据区域里。

第二，对临时区域里的档案目录信息按用户的要求进行排序处理。既可以按照单一条件排序，也可以按照两个以上的组合条件进行排序，前者如"卷内目录"编目按照"文号"进行排序，后者如"革命历史档案目录"编目就可以按照"时间"和"档号"两个条件组合来排序。

第三，输出不同格式的目录。包括标准格式输出、自动生成格式输出、输出到文件再排版输出等方式。

（2）计算机档案编目的输出版式。档案计算机编目的输出版式主要有簿册式和卡片式两种。簿册式目录又称书本式目录，是以表册的形式，将案卷或文件目录的条目按一定的规则编排，打印在纸上，形成目录簿册。

（3）计算机档案检索。计算机档案检索，是指利用计算机及网络和配套设备，根据利用者的要求，制定相应的检索策略，从计算机档案数据库中获得所需档案信息的过程。计算机档案检索从不同的角度划分，具有不同的类型。例如：按档案数据库的性质，分为目录型、事实与数值型和全文型检索；按计算机处理方式，可分为脱机检索和联机检索；按检索服务的方式，可分为定题检索和追溯检索；按检索语言，可分为受控语言检索和自然语言检索。

(三) 计算机辅助立卷

计算机辅助立卷，是指文件的归档立卷参数自动进行立卷。主要步骤如下。

(1) 设置案卷的有关参数，包括：案卷题名、案卷日期、案卷密级、保管期限、案卷主题词（分类号）等。

(2) 进行逻辑组卷。一般有两种逻辑组卷方式：自动组卷方式和手工组卷方式。自动组卷时，用户可输入相关组卷条件，如档案类型、时间、保管期限、密级、主题词（分类号）等，由计算机自动将符合条件的文件添加到卷内，还可对自动组卷的结果进行处理，包括移出、添加文件，按某一特征对卷内文件进行排序等。手工组卷是指不通过系统批量组卷，而是利用键盘或鼠标"手工"拖动文件到指定案卷内，从而实现灵活组卷。

(3) 案卷编辑与打印输出。案卷编辑包括编辑案卷题名、生成卷内目录、编制案卷备考表等。根据国家有关案卷格式和规格的规定，打印输出案卷封面、生成案卷目录、编制案卷备考表等。

(4) 物理组卷归档。物理组卷归档以逻辑组卷为基础。具体有以下几种情况：完全按照逻辑组卷结果进行物理组卷；借助逻辑组卷简化立卷工作，物理组卷与逻辑组卷结果不完全一致，如一个逻辑卷可以对应多个物理卷，或者几个逻辑卷构成一个物理卷；按照大流水号对归档文件进行排列，不进行物理组卷而实行逻辑组卷，在逻辑组卷的基础上进行档案检索。

(四) 文档管理一体化

文档管理一体化既包括文件、档案实体管理的一体化，也包括文件、档案管理体制、组织机构、管理规范等方面的一体化。文档实体管理的一体化是指在文件的生成、流转、归档保存、销毁或永久保管的整个生命过程中实现统一控制和全面管理。

文档管理一体化管理软件的主要功能是：利用计算机技术起草文件、完成文件的收发、运行管理、自动组卷、归档、著录标引、编目（编制案卷目录、卷内文件目录、全引目录）、检索、借阅、统计等，融合了文件管理和档案管理的主要业务工作，极大地提高了档案工作的效率。文档一体化管理系统一般包括四个子系统，即文件管理子系统、归档子系统、档案管理子系统、系统维护子系统。

（五）档案业务工作计算机辅助管理

档案业务工作计算机辅助管理，是指利用计算机技术对档案的收集、整理、鉴定、保管、利用（借阅）、统计等档案业务工作进行辅助管理。如档案自动借阅管理包括：利用计算机系统进行借阅登记、归还登记、提供借阅预约登记、打印催还通知单等，提供档案库存、借出、归还等信息。档案自动统计可以对馆藏档案数量、利用情况等进行数据统计和分析。

（六）档案保管环境的自动控制与档案信息增强、恢复

档案保管环境的自动控制，是指利用计算机技术对档案保管环境的温度、湿度、防火、防盗等进行自动监测和管理。此外，可通过计算机图形处理技术对发生字迹褪色、字迹扩散和污染覆盖的档案进行信息增强和修复性处理。

二、多媒体档案管理技术

多媒体技术是指利用计算机对文本、数字、图形、图像、声音等不同媒体的信息进行综合集成管理的技术，即通过计算机将多种媒体信息进行综合，使它们之间建立起逻辑连接，并对它们进行采样量化、编码压缩、编辑修改、存储传输和重建显示等处理。多媒体技术的研究领域非常广阔，涉及计算机硬件、软件、计算机网络、人工智能、数字出版等，其产业涉及电子工业、计算机工业、大众传播和通信业等多项产业。

（一）多媒体技术的特点和内容

多媒体技术具有如下特点。

第一，媒体的多样化和媒体处理方式的多样化。多媒体技术可以处理多种媒体类型，包括文本、图像、音频、视频等。这种多样性使得信息可以以更丰富的方式呈现和传达，提高了信息传递的效率和吸引力。多媒体技术提供了各种处理方式，例如编辑、合成、压缩、解码、编码等，以便更好地处理和优化各种媒体内容。这使得媒体可以根据不同需求进行定制和优化。

第二，集成性。在数字化处理的基础上，对各种媒体信息的集成管理。多媒体技术支持各种媒体信息的集成管理。它允许不同类型的媒体数据在同一平台上协同工作，使用户可以更轻松地访问、共享和管理多种媒体资源。这有助于提高信息的整合性和一体化管理。

第三，交互性。与传统媒体信息传递的单向性和用户接受的被动性不同，多媒体系统

与用户之间具有良好的交互性。用户通过与系统的交互和沟通，能有效地进行学习和思考，进行系统的信息查询和统计，增进知识和解决问题。

第四，实时性。用户与多媒体信息检索系统之间的交互可以实时进行，能够及时更改查询条件，调整检索策略，提高信息检索的效率。多媒体技术的主要内容有：多媒体数据压缩和图像处理；音频信息处理；多媒体数据库及基于内容的检索；多媒体著作工具，包括多媒体同步、超媒体和超文本等；多媒体通信与分布式多媒体。

（二）与多媒体技术有关的关键技术

第一，数字信息处理技术。包括模拟信号与数字信号的相互转换，文本、数值、图像、音频、视频的编码和解码技术。

第二，数据压缩和编码技术。数据压缩是通过数学运算将原来较大的文件变为较小文件的数字处理技术，它实际上是一种编码，即对数据表达式的一种压缩式编码。数据压缩的基本特征就是把某些表达式中的字符串（如 ASCII）转化成包含相同信息但长度尽量短的一个新串，其目的是减少数据的冗余度，提高数据密度的有效性。图像、视频、音频等媒体信息量巨大，必须通过压缩和编码才能方便传输和存储，如在遥感技术中，各种航天探测器采用压缩和编码技术，将获取的大量信息送回地面。

第三，媒体同步技术。媒体同步技术是指协调媒体流的实时演示以及维持媒体间时序关系的技术。同步一般指多媒体系统中媒体对象间的时间关系，广义上则包括内容、空间和时间关系。时间关系是指媒体对象出现的时序关系，在此，应考虑媒体对象间通过消息传递或状态访问产生进一步动作的"制约关系"，以及多媒体演示过程中"用户交互"对媒体对象活动的影响。

媒体对象包括时间相关的媒体（如音频、视频、动画）和时间无关的媒体（如文本、图形、图像）。媒体对象间的同步由时间相关的媒体对象和时间无关的媒体对象之间的关系组成。如电视中视觉信息和听觉信息间的同步，属于连续媒体间的同步；幻灯演示中画面显示与音频流之间的同步，则属于时间相关的媒体和时间无关的媒体之间的同步。

第四，多媒体数据库技术。传统的数据库管理系统主要适应于格式化和结构化的数据，而文本、图像、语音、动画、视频等都是非结构化的数据，而多媒体数据库管理系统需要解决对非结构化数据的集成管理问题和交互性问题。

第五，多媒体网络技术。多媒体技术与网络技术、多媒体通信技术的结合使多媒体信息服务和应用拥有了广阔的发展前景。多媒体网络技术和服务的主要领域包括：多媒体远程会议、超高分辨率图像系统、VOD（视频点播）系统、数字图书馆等。

（三）多媒体技术在档案信息存储与检索中的应用

档案材料中既有大量的纸质文件，还有大量的照片、录音、录像和工程图纸。随着多媒体计算机技术的发展与成熟，计算机档案管理可由对档案目录信息的管理深入对图、文、声、像等一次档案文献的直接管理，使用户获取生动、直观、全面的多种媒体的档案信息。利用多媒体技术，将本地区、本部门举行的重大活动及召开的重要会议的实况录像、录音等存储在多媒体数据库中，可随时调用查阅。而且，对于利用者而言，档案由枯燥的文字形式变成了集声频、视频和动画于一体的立体信息，可提高档案的利用率。另外，多媒体档案信息查询可避免利用者查阅整本案卷时翻阅其他文件的可能性，减少了对档案原件的磨损，并能够起到一定的保密作用。

多媒体档案管理系统的功能主要体现在以下几方面。

第一，档案全文影像扫描、存储和检索。利用数字扫描技术将档案原文输入到计算机，进行全文检索。

第二，照片档案的数字扫描、存储和检索。采用扫描仪对照片档案进行扫描，形成数字文件保存在硬盘或光盘上，利用多媒体档案管理软件，提供数字照片的浏览检索、打印输出等功能。

第三，录音档案的数字化处理、存储和利用。计算机通过声卡对播放的录音进行采集和压缩处理，存储在光盘上，实现录音档案的数字化。利用多媒体档案管理软件对声音文件进行管理、检索和利用。

第四，录像档案的数字转换、存储和利用。利用视频采集压缩卡由计算机连续捕获播放的录像档案信息，并转换、压缩成录像数字文件存储在光盘上。利用多媒体档案管理软件进行管理、检索和利用。

三、档案管理网络化技术

网络技术是计算机技术和通信技术高度发展、密切结合的产物，计算机网络是将不同地理位置具有独立功能的多台计算机终端及其附属设备，用通信线路连接起来，并配备相应的网络软件而组成的计算机系统的集合。当前，档案机构内部的局域网已经普遍建立，而且各级档案机构纷纷建立了自己的档案网站，档案管理的环境已经由模拟环境向数字环境过渡。档案管理的数字化和网络化推动了档案事业信息化发展的整体水平。

（一）网络的组成与结构

网络便于信息资源交换和共享，计算机网络中各个节点之间可以很方便地互相通信，用户可以分享网络中的硬件、软件和数据资源，可以避免重复劳动，加快系统开发和应用的进程，提高系统的总体效益。网络可以充分发挥计算机的功能，均衡计算机的负荷，提高工作效益。计算机网络能使联网的计算机平均分配负荷，网络中的设备可以相互替代，使得系统的可靠性及其效率提高。计算机网络为用户创造了一个更方便的使用环境，能满足用户的多方需求。用户通过计算机终端与多台计算机联系，可利用网络中存贮的各种信息，方便、迅速地获取自己所需要的信息。用户还可以上传信息，实现与其他网络用户的信息交互。

1. 网络的组成

计算机网络由数据传输系统和数据处理系统组成。数据传输系统又叫通信子系统，包括通信传输线路、设备、通信传输规程、协议及通信软件等，其任务是进行数据传输、交换和通信处理等。数据传输系统包括计算机、大容量存储器、数据库、各种输入输出装置及软件等，其任务是进行数据输入、存贮、加工处理和输出等。

2. 网络的结构

网络的结构主要有如下几种基本形式。

（1）总线形。各节点设备与一根总线相连。这种结构的网络可靠性高，单个节点出故障时，对整个系统影响不大。另外，节点设备的插入或拆卸十分方便。

（2）环形。这种结构采用点对点式通信，将各节点连接成环状。网络中各主计算机地位相等，通信线路和设备比较节省，网络管理软件比较简单，但网络的吞吐能力差，只适于在较小范围内应用。

（3）星形。每个节点通过连接线与中央节点相连。中央节点是控制中心，相邻节点之间的通信要通过中央节点。这种结构的网络比较经济，但可靠性较差，若中央节点出故障，整个网络将瘫痪。

（4）树形。各个节点按层次展开，由各级主计算机分散控制，各主计算机都能独立处理业务，但最高层次的主计算机有统管整个网络的能力。这种结构的网络通信线路连接比较简单，网络管理软件也不复杂，维护方便，但各个节点之间很少有信息流通，资源共享能力较差。

（5）网状形。各节点通过通信线路连接成不规则的形状，网络中没有统管整个网络的主节点，通信控制功能分散在各个节点中，具有较高的可靠性，某一个节点发生故障不会影响到整个网络。这种结构资源共享方便，但网络管理软件比较复杂，大型计算机网络系统结构更为复杂，往往是上述几种基本结构中某几种的结合。

（二）档案管理网络化

档案管理网络化是网络技术应用于档案管理系统的结果，也是适应社会信息化发展的必然趋势。档案管理网络化的基本前提是档案管理的计算机化以及档案资源的数字化。档案管理网络是由多个计算机档案管理系统通过通信线路连接起来的复合系统。各个大型档案机构的计算机成为网络中的节点,每个节点连接许多终端,各个节点通过通信线路连接起来,形成了一个纵横交错的档案管理网络系统。

档案管理网络化的基本目标是实现档案信息资源共享,打破单个计算机档案管理系统传递速度和存贮空间的限制,使用户能够远程存取所需的档案信息。档案管理网络化是推动档案事业信息化发展的重要基础,档案事业信息化的水平依赖于档案管理网络化的广度、深度和发展水平。适应国家信息化建设和档案事业发展的要求,把档案信息化纳入国家信息化建设的总格局,以档案网络建设为基础,以档案信息资源建设为核心,以扩大档案信息资源开发利用为目标,加快推进档案资源数字化、信息管理标准化、信息服务网络化的进程,促进档案事业持续快速健康发展,为现代化建设服务。

(三) 档案管理网络化的条件

第一,资金与设备条件。档案管理网络化建设需要投入大量的资金和设备,这是首要条件。我国经济发达地区,如珠三角、长三角、环渤海湾等地区的档案事业发展有扎实的地方经济实力作为后盾,档案工作的现代化程度较高,档案管理计算机化、网络化和信息化水平领先于全国其他地区。而我国中、西部地区的地方财力十分有限,制约了当地档案管理网络化的发展。因此,档案部门除了争取各级政府的支持以外,还需要广开渠道,争取社会各界的支持、企业投资和私人捐资等。

第二,技术与人员条件。档案部门需要引进国内外先进的技术,培养既通晓档案业务又掌握现代技术的专业人才。目前我国在进行档案管理网络建设,推进档案事业信息化发展的过程中,应对现代信息技术和人才的引进持积极、开放的态度,并善于借鉴图书情报部门网络化建设的成熟技术和成功的经验,培养、吸引具有创新意识、具备现代技术技能和复合知识背景的现代档案管理人才。

第三,通信网络和电子政务网的支持。我国通信网络发展迅速,信息网络实现了跨越式发展,成为支撑经济社会发展重要的基础设施。我国基础信息网络和重要信息系统数量明显激增,为档案管理网络化提供了充分的通信网络条件,奠定了档案网络服务和利用基础。

第四,标准化与各个部门之间的协作。档案管理网络化的实现必须以标准化为保障。要使各个独立的档案管理系统通过通信网络连接起来,必须首先实现机读数据记录、软件设计以及各种硬件设备的标准化,标准化是网络资源共享的基础。

此外,各个部门之间的协作也很重要。合作者间一致同意并遵守的约定和协议是网络建设的前提。档案管理网络建设中的合作包括地区性、行业性等各个领域的协作，需高效的管理手段和协调手段才能取得令人满意的效果。

第三节 档案管理信息系统建设

档案管理信息系统是指各机关、团体、组织和各级各类档案馆用于对档案信息和档案实体进行辅助管理的各种类型的计算机应用软件系统。档案管理信息系统建设是按照档案事业发展的规划、标准和档案工作的实际需求，应用计算机基础设施，开发和使用档案管理应用软件系统的过程。档案管理软件的开发和使用，要符合"规范、先进、实用"的质量要求，既要满足当前工作的需要，又要兼顾将来技术发展的趋势。

档案管理信息系统的应用价值来自应用系统的各项功能。其功能是指计算机应用软件系统辅助档案工作的某种能力，实质是档案工作职能在计算机平台上的延伸。档案管理信息系统的开发是在档案信息化规划和规范的指导下，按照特定的档案管理需求，应用先进、实用的计算机软硬件和网络技术，研制档案信息管理应用系统的过程，其主要任务是研制档案管理应用软件。

一、档案管理应用软件的功能结构

档案管理软件的开发研制与功能设计必须符合国家有关档案工作和计算机信息系统管理的法律法规和业务技术标准。档案管理软件的研制、安装和使用，必须具有严格的安全保密机制。

档案管理软件应具有良好的实用性、兼容性及可扩展性，并做到界面友好，用语规范，操作简单，使用方便。档案管理软件应具备较强的数据独立性，确保在软、硬件环境发生变化时数据完整、安全迁移及有效利用。各种不同类型的档案数据，其文件格式均应尽量采用通用的文件格式。档案管理软件应配有完备的安装与使用技术资料，主要包括：用户手册、系统管理员手册、数据实体关联图等。

依据档案工作的基本职能，任何档案管理应用软件都应具备以下基本功能。这些功能既包括档案实体管理，又包括档案信息管理；既包括管理档案目录信息，又包括管理档案全文（内容）信息，并基本上覆盖档案目录信息各项管理业务。

档案管理软件应具备数据管理、整理编目、检索查询、安全保密、系统维护等基本功能，并能辅助实体管理及根据用户特殊需求增扩其他相应功能。

二、档案管理信息系统开发的方法

档案管理信息系统的开发需要应用软件工程的原理和方法。软件工程是指导计算机软件开发和维护的工程学科，是采用工程的概念、原理、技术和方法来开发与维护软件的方法。该方法将任何软件产品从形成概念开始，经过开发、使用和不断增补修订，直到最后被淘汰的整个过程看作一个生命周期。该生命周期可以划分为若干相互区别又相互联系的四个阶段，即系统分析、系统设计、系统实现和系统运行维护。每个阶段都有相互独立、具体的任务，都要形成规范的文档，每阶段工作都要以上个阶段工作的成果作为依据。又为下阶段的工作创造条件。每阶段工作结束都要从技术和管理两方面进行严格的审查，若发现前阶段有错，则需要返回前面的阶段进行整改，由此形成软件开发的规范化、高效化工作流程。以下主要介绍软件应用软件工程原理开发档案管理软件的方法。

（一）系统分析

该阶段任务是确定系统的总目标，即解决系统应当"做什么"的问题。系统分析是系统开发的起点，决定系统设计的方向，此项工作由项目开发小组中的系统分析员实施。系统分析员是系统开发的高级人才，应当擅长档案管理业务和计算机技术，具有将两者有机结合、宏观策划、微观布局的能力。系统分析的主要任务如下。

第一，开展调研。由项目发起者或建设方开展初步的内部需求调研和外部市场调研，内部调研的对象主要是有关档案工作的领导、业务骨干和用户，调研他们对档案工作和档案信息的需求。外部调研主要了解信息技术发展的现状和趋势及档案信息化的经验和规律。通过调研，提出系统设计的目标、任务、规模、实施路线，并分析项目风险、预测实施效果、安排工作进度、提出费用估算（包括财力、人力、设备等），最后形成相关报告与计划任务书，报决策者审批。

第二，组织开发小组。依据项目目标组织研制小组，确定该小组的负责人和成员，其成员一般应当包括专职档案专业人员、计算机专业人员、档案用户代表等。如果该项目采用外包设计的话，开发小组中还应当包括外包服务商有关领导和技术人员。

第三，可行性研究。①可行性研究的组织。须由有关领导、专家、业务骨干参加，对系统进行分析、评估、论证、成本效益分析。②研究内容。一是必要性分析，确定系统开发是否必要，是否紧迫。分析系统应用的宏观效益、微观效益；社会效益、经济效益；直接效益、间接效益；短期效益、长期效益。二是可行性分析，包括经济可行性，即系统开发的资金投入、产出比；技术可行性，分析可利用的技术条件，包括硬件、软件、本单位、社会上可利用技术资源等；管理可行性，包括管理环境、管理标准化、规范化程度、已有档案数据资源等；操作可行性，分析操作中可能遇到的问题，是否具有解决能力。

第四，开展用户需求分析。①信息需求。系统需要处理的档案数据的门类、实体（如目录、表格、台账等）。②功能需求。系统需要做哪些处理，如归档、编目、保管、统计、查询等。③性能需求。系统需要达到哪些安全、保密、速度、效率、便捷、规范等性能要求。④环境需求。系统实施需要哪些实施条件，如法规、制度、方法、技术、人才、资金等。⑤近期和远期需求。区分需求的轻重缓急，提出分步实施的方案。

（二）系统设计

系统设计分概要设计和详细设计，其任务由系统分析员牵头的设计团队来承担。档案管理信息系统采用结构化设计方法。将整个系统按照层次和功能的逻辑关系，自上而下逐步细化为功能单一、相对独立的计算机程序模块，以便于系统的编程、调用、调试、扩充、测试和维护。在绘制功能模块的层次结构，并以文字具体描述各模块的功能。功能模块图是描述软件功能层次结构的工具，用方框和连线表示软件功能模块之间的层次或网状关系，以及模块之间的调用关系。

详细设计是对概要设计的进一步细化，包括数据库结构设计、计算机输入输出设计、用户界面设计、用户代码设计、用户权限设计以及业务流程设计等。最后以模块为单位，详细说明各子系统和模块的输入设计、输出设计、界面设计数据库设计、代码设计、程序设计语言等。为了说明这些细节，应采用数据流程图的描述方法。用户操作界面友好是系统性能的重要指标，要求做到操作方法简便，操作提示准确，用户一看就懂、一学就会。

第四节　档案信息化保障体系建设

社会经济的快速发展，科学技术水平的进步，使得我国档案事业也取得了长足的进展。"档案信息化是推动档案事业转型发展和高质量发展的重要驱动力，是实现档案现代化管理的根本保障。"[①]

一、宏观管理保障体系

档案信息化是档案事业发展的战略举措，也是档案现代化的立体战役。为了确保这项工作循序渐进、卓有成效，需要自上而下地进行总体规划和精心地组织实施。

---

① 卢丹. 新时期档案信息化保障体系建设举措探讨［J］. 档案天地，2022，（02）：35.

（一）档案信息化规划

档案信息化规划是档案行政管理部门针对档案信息化事业发展制定的全局性、长远性谋划，是对发展目标、任务、措施的宏观思维、精准描述和权威部署，是反映发展规律，驾驭发展大局，破解发展难题的顶层设计，具有定位目标、激发士气、凝聚人心、统一步伐的作用。

1. 规划的内容

（1）回顾总结。回顾总结本单位档案信息化的进程、现状，取得的基本经验或主要体会，以及存在的主要问题。对于尚未建立档案管理信息系统的单位可以总结本单位档案工作的现状，以及为档案信息化创造的基础工作条件，如档案制度化、标准化建设，档案资源建设，档案人才队伍培养等。

（2）目标定位。目标是对档案信息化建设预期前景和效果的描述。目标可以分总体目标和具体目标两部分。目标定位要有以下"五个度"：高度，即体现高起点、高标准、高水平；宽度，即做到档案业务工作的全覆盖；深度，即要致力解决发展中遇到的热点、难点问题；亮度，即要有创新点和闪光点；温度，即要满怀热情地贴近时代、社会、生活、百姓。总目标的实施周期应尽量与本单位发展规划相吻合，一般为五年。

（3）任务部署。任务是对目标的细化。目标一般比较原则、概括和宏观，任务则要尽量具体和微观。任务一般按档案信息化的要素细分，包括基础设施建设、信息资源建设、应用系统建设和保障体系建设等。任务部署要尽量做到定时、定量，如纸质档案数字化工作每年要达到多少页、占馆（室）藏总量的百分比是多少等。

（4）措施落实。措施是指实施档案信息化的必要条件，一般包括人员观念的改变、档案基础工作的跟进、技术平台的建设、信息安全的落实、资金持续投入以及人才队伍培养等。其中档案基础工作部分要提前、重点做好电子文件归档、纸质档案数字化工作。

2. 规划的制定原则

（1）统揽全局的原则。规划首先要明确档案信息化的指导思想、基本目标、工作任务、措施步骤、保障体系、评价指标等。为此，档案信息化规划要有前瞻性、系统性、严肃性、权威性和操作性。在目标的确定上既要起点高，又不能不切实际地盲目拔高；在任务的确定上既要全面覆盖，又要重点突出；在措施的确定上既要宏观布局，又要微观落地；在保障体系的确定上既要营造动力机制，又要设定约束机制；在评价指标的确定上既要定性，又要尽可能地定量。特别要做到与本单位档案事业发展规划和本地区信息化发展规划相衔接，争取取得组织、资金和人力上的支持。为了落实好规划，要建立集规划制订、协调、监督、意见反馈、补充完善于一体的规划执行机制。通过落实责任、考核和目标管理，努力实现预定的信息化蓝图。

（2）分步实施的原则。档案信息化涉及面广，工作量大，制约因素多，因此不可能毕其功于一役。在制定规划时，要充分考虑国家、地区信息化战略的实施进度、档案信息化的近期需求，档案基础工作条件，管理制度和业务规范的配套情况，以及经费、人力的投入能力等。要在全局性、长远性目标的指导下，根据需要和可能，将总目标分解为若干阶段性目标，以便分步实施。阶段性目标要处理好前后衔接关系，每一阶段的目标任务既要继承前阶段的成果，又要为后阶段创造条件。特别要将档案信息资源建设列入阶段性目标的主要任务，并提出量化的指标要求，如电子文件归档和传统存量档案数字化应当达到多少百分比等。

（3）需求驱动的原则。现代信息技术几乎无所不能，然而只有与特定的需求相结合，才能实现信息化的价值。需求决定计算机应用的发展方向、检验标准和实际效能，是信息系统建设的出发点、归属点和动力源泉。不重视需求或找不准需求，必然使档案信息化偏离正确的轨道，甚至付出沉重的代价。

（4）突出重点的原则。突出重点，就是规划要满足重点需求。需求是一个相当具有"弹性"的概念，在分类上有：一般需求和主要需求、潜在需求和现实需求、表面需求和本质需求、当前需求和长远需求等。突出重点就是要在调查研究的基础上，分析出和把握住主要需求、现实需求、本质需求、当前需求和紧迫需求。为此，在制定规划时，要从本单位、本行业的实际出发，以问题为导向，以必要性和可行性统一为基础，找准需求，定义总目标和阶段性目标，一步一个脚印地有序推进档案信息化工作。

3. 规划的制定步骤

（1）组织机构。档案信息化规划的制定事关大局、事关长远，应当建立由单位主要领导主持，信息化管理人员、相关业务技术人员和档案管理人员参加的规划起草小组，具体负责规划制定的全过程工作。为了开阔眼界，借用外脑，还可以聘请外单位有关档案信息化的专家，对规划起草人员进行培训，对起草工作给予咨询、审核、把关，或直接负责规划的撰写工作。

（2）调查研究。调研主要包括四个方面：①对国际、国内、本地区、本行业档案信息化发展战略和规划的调研，了解其对档案信息化目标、任务、措施的定位，以便于为本单位规划制定提供参考。②对同行业或相近档案信息化的先行单位进行调研，以便学习和借鉴他们的成熟经验。③对社会信息化发展状况进行调研，了解其软硬件技术发展水平，以及哪些技术适用于本单位。④对本单位档案工作和档案信息化需求进行调研，发现和分析存在的问题，研究利用信息化手段破解问题的对策。

（3）撰写规划。对调研结果进行归纳总结，撰写调研报告。根据调研报告撰写规划大纲，并征求有关领导、专家或业务技术骨干的意见。根据拟定的规划大纲，撰写规划初稿。初稿完成后组织专家进行科学性和可行性论证，并广泛征求机关各业务部门和相关单位的意见，修改完善后交本单位领导审核、签发，然后正式颁发。

（4）规划颁发。规划颁发时要一并提出规划执行的指标要求、进度要求和责任要求，并按照"言必信，行必果"的要求，跟踪规划的执行情况。

（二）档案信息化组织

制定科学的规划是档案信息化的起点和前提，它使信息化建设者在目标、任务、措施等方面达成了共识、统一了步骤。接着，就需要通过强有力的组织，即通过指挥、协调、监督、指导、服务等管理方式和行政手段，确保规划的贯彻落实。执行力不足会使一个好的规划流于形式，创新规划的执行体系和执行手段，是提高规划的权威性和约束力的关键举措。

1. 更新档案管理的思想观念

规划是战略实施的顶层设计，是长远性、全局性的谋划，是避免战略实施随意性和盲目性的有效举措。只有充分认识规划实施的重要意义，才能增强实施规划的责任心和自觉性。档案信息化是档案工作顺应潮流，抓住机遇，加快发展的重大战略。要认识到实施规划要有新思路、新对策。要改变过去片面、落后的观念。以崇尚科技、重视改革、锐意进取、尊重人才、创新务实、真抓实干的新思路、新对策，来破解规划实施中的难题，化解来自各方面的阻力，推进规划的顺利实施。

2. 采取有力的管控举措

档案行政管理部门要对规划的实施采取有力的管控举措：

（1）保持规划的权威性和严肃性。对已经列入规划的每项任务都要言必信，行必果，对规划后未执行的任务要追究原因和责任；按照规划制定有关项目的实施方案，规定具体的实施内容、进度、要求，一抓到底，直至见效；将规划实施的组织、协调、监督、指导纳入档案工作的法规、制度、标准、规范系统中去，纳入行政部门工作的职责和考核办法中去，通过档案法治和行政的手段，防止发生档案信息化不作为或乱作为现象。

（2）夯实档案信息化的各项基础工作。档案信息化建设的重点是档案信息资源建设。为此，要围绕档案信息资源管理的目标和任务，扎扎实实地做好传统文件和电子文件的积累、归档，以及归档后的档案鉴定、分类、组卷、著录、编目、数据录入、档案扫描、档案保管、档案划控等基础工作，利用数据库技术，建立起大规模、高质量的档案信息资源总库，为档案信息系统运行提供优质的信息资源。

（3）确保规划实施的各项投入。切实按照规划要求落实软硬件网络平台、应用系统、数据资源、人才队伍、保障体系等各项建设任务。对建设项目的完成情况和实用效果进行科学的后评估，并将后评估的绩效列入档案信息化建设单位业绩考核的指标。资金投入要避免重硬件投入，轻软件投入；重技术性投入，轻管理性投入；重一次性投入，轻持续性投入的倾向，使资金投入在发展阶段、发展要素、发展层次上有合理的结构比例。

3. 创新档案管理组织体系

档案信息化必须由机构的主要领导分管档案信息化工作，并建立集规划、执行于一体的档案信息化主管部门，才能及时高效地协调处理档案信息化建设中遇到的复杂关系，避免因多头管理而造成政出多门、相互推诿的现象。

档案信息系统的建设和运行涉及与外界系统的互联。前端与办公自动化互联，确保对归档电子文件的前端控制。后端与本单位各种业务系统互联，确保为社会或本单位行政业务系统提供档案信息服务。单靠档案部门难以处理与档案外部系统的关系，必须由本单位主要领导牵头挂帅，才能做好跨部门的组织协调工作。为此，各单位分管档案工作的领导应当同时分管档案信息化工作，负责实施档案信息化规划的各项组织工作，负责将规划实施列入本单位信息化发展规划和年度计划，使这项工作在机构、岗位设置、人员、经费投入等方面得到满足，保障规划的实施。

4. 跟进档案管理的科研教育

为了更好地发挥科研工作对档案信息化的引领作用，要加强对档案信息化项目的选题指导、立项审查、实施跟踪和结题评审等环节的全过程管理。对不可行的项目在立项阶段就予以否定。对科研项目的结题评审要严格把关。对重点科研项目要组织各方力量联合攻关，特别要加强档案局（馆）、高校档案学专业和信息技术开发公司之间的联合，从档案专业和计算机技术的紧密结合上提高科研成果的质量。要加大档案信息化科研成果的推广力度，充分发挥理论成果对实践的指导和引领作用。要采取有效的行政手段和考核措施，大力推广集成化、通用化的数字档案室和数字档案馆应用系统，彻底改变过去各自为政，重复建设，自成体系，难以互联的粗放型发展模式。

二、标准规范保障体系

标准是为了在一定范围内获得最佳秩序，经协商一致制定并由公认机构批准，共同使用的和重复使用的一种规范性文件。标准化是指为在一定的范围内获得最佳秩序，对实际或潜在的问题制定共同的和重复使用的规则的活动，即制定、发布及实施标准的过程。

（一）标准规范建设的原则

制定我国档案信息化标准规范，要符合中国国情，符合国家信息化工作的基本方针，同时兼顾与相关国际标准和发达国家档案信息化标准的衔接，并且遵循以下原则。

1. 坚持开放原则

随着各行业的开放程度、行业的交叉融合程度越来越高。在进行档案信息化标准规范建设过程中，应自始至终坚持开放性原则。

（1）采纳各种开放标准。开放标准是指那些知识产权明确属于公共领域、采用开放语言和标准格式描述、有可靠的公共登记和持续的维护机制、有可靠的开放转换和扩展机制、公开发布详细技术文件并可公共获取的标准规范。在档案信息化标准规范建设过程中，首先应考虑采用开放标准，既可以避免重复劳动，又可以保证较高的标准化水平。

（2）采纳各种国际标准。国际标准是由国际标准化组织所制定的标准，是由世界各国的专家参与制定的，它含有大量科技成果和成熟的管理经验，代表着当代科学技术和生产管理水平。根据自身的实际情况进行定制、修改及扩展，既能保证标准水平的提高，又能加快我国档案信息化建设与国际接轨的速度。

（3）参照相关专业的信息化标准。档案工作与图书馆工作、情报工作、博物馆工作等相关专业工作存在着一定的相似性。在进行档案信息化标准体系建设过程中，应当充分吸收相关专业在信息化标准建设方面的成功经验，尤其是图书馆在信息化标准体系建设方面较成功的经验。

（4）考虑与相关标准的兼容性。在制定本单位、本行业标准规范时，要注意处理好和国际、国内信息界相关标准规范的兼容关系，还要注意和其他相关领域，如电子政务、数字图书馆建设之间的兼容关系，特别要处理好与国际、国家、行业、区域有关标准规范之间的兼容关系，以便在档案信息系统建设后能与其他相关系统顺利衔接，资源共享。

2. 适度超前原则

档案信息化标准是对档案信息化建设过程中出现的各种重复性事物和概念所做的统一规定，标准的对象在档案信息化建设中是随着时间的变化、技术的更新而不断变化的。因此，在档案信息化标准规范建设过程中，要考虑信息时代和网络环境的变化，要有前瞻性和预见性，能在一定程度上预测社会和技术的发展方向，并充分考虑相关标准的制定时机，坚持适度超前原则。档案信息化标准规范建设，要在有初步经验的基础上，根据现实情况并结合未来档案信息化发展状况开展相关工作。

3. 动态管理原则

动态性原则是指要根据档案信息化建设的实践发展，对标准不断进行修订、充实和完善。档案信息建设是一个长期的过程，在这个过程中，标准规范的对象会随着时间的变化而不断发生变化。

特定的标准是根据特定的时间、特定的环境、特定的对象制定的，标准制定者在制定标准时，要充分考虑到未来的变化，但是预测与变化往往会有偏差。因此，标准制定完毕后，要根据实施情况及规范对象的变化及时进行修订。由于信息技术发展迅猛，因此，对于档案信息化方面的标准，实施后 3~5 年就要进行审视。对于不适应实际的标准，要及时废止；对于部分不适应，要及时部分更新；标准规范的制定或修订既要针对档案信息化出现的新情况和新问题，又要尽量继承以前标准规范的条款，保持标准的稳定性。

（二）标准规范建设的内容

档案信息化标准规范建设可以从管理、业务、技术和评价等层面来制定和推行。

1. 管理性标准规范

管理性标准规范是对电子档案信息资源建设和档案信息化建设、运行维护工作进行管理的一套规则，包括计算机安全法规与标准、数字档案信息资源合法性的确认等，它需要国家档案行政管理部门统一制定并推广实施，以保证电子档案信息的统一规范和资源共享。

档案信息化管理性标准规范包括两个方面。

（1）对人的管理性标准，主要是指对与档案信息化建设相关的人员进行管理的标准，包括档案工作人员管理标准、软件设计人员管理标准、用户管理标准、用户角色控制标准，用户权限审批标准等，明确档案工作人员的职责和任务，以及用户的权利和义务，以保证档案信息化建设各项工作的正常开展。

（2）对物的管理性标准，主要是指对数字档案信息资源实体的全过程规范化管理，以及对信息化设备，如机房、硬件、软件存储载体的规范化管理，主要规范这些资源可以给谁用、如何使用和如何保管的问题。

2. 业务性标准规范

业务性标准规范是对档案信息化及电子档案业务处理进行的规定，解决业务操作行为不统一的问题。其范围包含与档案信息化相关的术语标准；档案信息采集标准，包括数字信息资源建设所涉及的数字化加工、元数据、资源创建、描述等；信息管理标准，包括数字信息资源组织、资源互操作；信息利用标准，包括数字信息资源检索、服务；信息存储标准，包括数字信息资源长期保存等；电子档案的术语标准及管理规范，包括电子档案的基本术语、资源的标识、描述电子档案的文件格式、元数据格式、对象数据格式等。

3. 技术性标准规范

技术性标准规范是对档案信息化及电子档案管理有关技术应用进行的规定，主要解决技术应用不适当而导致的质量问题。其范围包括硬件基础设施建设技术标准、软件系统工作平台技术标准、数据存储压缩格式规范、数据长期保存格式规范、数据加密算法规范、网络数据传输规范、数字水印标准等。

4. 评价性标准规范

评价性标准规范是对档案信息化及电子档案管理的成果和效用进行评判的指标体系，包括档案信息系统（包括数字档案室、数字档案馆、电子文件归档管理等系统）的研制、档案信息资源的开发和利用、信息安全、信息技术应用的广度和深度、信息化人才开发、信息化的组织和控制、信息化的效益等评价的标准。其中信息资源开发和利用应该是测评指标体系中的重要部分，可细化为馆（室）藏档案数字化的数量，多媒体编研成果的种类和数量，数字信息的提供利用方式，数字档案的利用频率等。

（三）标准规范的贯彻落实

为了更好地落实档案信息化标准规范，要做好以下工作。

第一，档案信息化标准规范的宣传教育。通过举办专题培训班，或将有关标准内容纳入档案专业培训课程，宣传有关标准规范贯彻的意义、目的、内容、要求。

第二，采取行政手段，加强对档案信息化标准规范的宣传贯彻力度，做好常态化督促、检查和指导工作。

第三，将档案信息化标准规范的执行情况纳入信息化项目的评审、鉴定、验收程序和要求中，贯标通不过，责令整改，整改通不过，项目不予通过验收。有了规范要做规矩。所谓"做规矩"就是要对不贯标的档案信息化建设项目敢于否定，对貌似可行的违反规范项目及时制止。从建设项目立项评估、可行性研究等前端开始，就给予强有力的标准指导和贯标监管。

第四，档案信息化标准规范建设要与时俱进。档案行政管理部门要收集贯标工作的信息反馈，及时发现标准规范脱离实际的情况，以便在调研分析的基础上对有关标准规范进行修订。

第五，档案信息化标准规范的修订要倾听行内有关领导、专家、业务骨干、计算机专业人员的意见，充分参考图书、情报、文博、电子商务、电子政务等相关标准，以便使标准规范做到向上、向下和横向兼容，确保其开放性、先进性和适用性。

三、信息安全保障体系

档案信息安全是指构建动态的档案信息安全保障体系，确保档案信息的真实性、完整性、保密性、可用性、可控性。要保证档案信息的安全，就必须考虑到硬件、软件、数据、人员、物理环境、人文环境等多方面要素。档案信息系统的复杂性、开放性及面临威胁的多样性，决定了其安全防护是一项整体性的、综合性的系统工程。档案信息安全保障能力已经成为检验档案信息资源的保护能力、利用服务能力和档案事业软实力的重要指标。

档案信息安全保障体系由档案信息安全法律法规体系、安全管理体系和安全技术体系三部分组成。

(一) 安全法律法规体系

信息安全需要建立档案信息安全法律法规体系，做到有法可依。该法律法规分布于档案专业的内部和外部。内部有涉及安全问题的档案法律法规，外部有涵盖档案管理的信息安全法律法规。

《中华人民共和国档案法》是我国档案法律法规的基石，在其实施办法的基础上，近年来我国档案界陆续制定出一些关于或涉及档案信息安全的规章、标准和规范性文件。档案界加强了对档案信息安全的行政执法，认真查处档案信息安全隐患和档案违法案件。随着信息技术的不断发展，档案工作者应不断进行档案信息化安全管理的研究以及跟踪最新的安全技术，对档案信息化安全管理工作的效果进行及时的分析和评估，不断完善安全防范体系。在保障档案信息安全的过程中，逐渐健全档案信息安全管理制度，提高管理人员的安全意识以及管理水平，充分发挥档案工作人员、技术人员以及用户的积极作用，为推动我国档案信息化安全保障工作贡献力量。

(二) 安全管理体系

档案信息安全是基于技术的管理工程。从管理层面上讲，就是要确保档案信息的安全，必须在风险分析的基础上确立档案信息安全的策略、方针和目标，成立相应的管理机构，确立合理的管理机制，制定安全管理计划，分解安全管理职责，执行安全管理制度和管理标准，建立并实施完善的档案信息安全体系。因此，风险识别与风险评估是档案信息安全管理的基础，风险控制则是安全管理的最终目的。

1. 档案信息安全系统管理模式

新的风险在不断出现，档案信息系统的安全需求也会随之不断变化，因此安全管理应是动态的、不断改进的持续发展的过程。档案信息安全管理模型可选择PDCA模式[1]，进行模式改进，加强信息安全管理，具有广泛的适用性。这个模式强调了持续改进和适应性，正是在不断变化的安全环境中所需的特质。

(1) 计划阶段：涉及确定安全目标、风险评估和制定安全策略的过程。这一阶段的关

---

[1] PDCA模式，即"计划（Plan）—执行（Do）—检查（Check）—行动（Act）"模式。PDCA循环是美国质量管理专家休哈特博士首先提出的，由戴明采纳、宣传而获得普及，所以又称戴明环。

键是理解当前的安全需求并制定相应的计划，以便在未来应对潜在的风险。

（2）执行阶段：包括实施计划、建立安全控制和监视安全操作。这一阶段旨在将制定的计划付诸实践，确保安全策略得以执行并且符合标准。

（3）检查阶段：涉及评估和审查安全性能，以确保所采取的措施有效且符合预期。这是一个关键的环节，用于确认制订的安全计划是否实际产生了预期的结果。

（4）行动阶段：基于检查阶段的结果，采取纠正措施和改进安全措施，以不断提高档案信息系统的安全性。这一阶段的目标是修正潜在的漏洞和弱点，以适应不断变化的威胁。

总之，PDCA 模式的优势在于其灵活性和可持续性。它可以根据不断变化的情况进行调整和改进，从而确保档案信息系统的安全性能够与时俱进。这种管理模式具有广泛的适用性，不仅可用于档案信息安全，还可应用于各种组织和行业的信息安全管理中。档案信息安全系统管理模式的选择至关重要，而 PDCA 模式的灵活性和持续改进特质使其成为一种强大的选择。通过不断地计划、执行、检查和行动，我们可以有效地加强档案信息安全管理，应对新的风险和威胁，确保关键信息得到妥善保护。这是一个不断演进的过程，但它是保护档案信息的必要措施。

2. 档案信息安全系统管理的具体策略

在档案信息安全管理模式中，档案信息安全管理中心是整个系统的核心，每一个环节都要定期地与档案信息安全管理中心进行安全信息交流，当档案信息安全管理中心认为有必要对其安全目标进行修改时，要及时向上级领导汇报，等待最终的定夺。

（1）完善组织机构。有条件的档案部门可以成立档案信息安全管理中心，负责实施和监控整个档案信息安全管理活动。安全管理中的每一个环节都必须与安全管理中心进行信息交流，安全管理中心还具备评价数字档案信息安全管理体系运作情况的功能，可以对安全方针、安全制度和安全措施的实施结果进行调查，并分析这些安全举措对档案信息安全的影响，然后提出相应的改进方案。数字档案信息安全管理中心由部门领导、信息管理专家、信息技术专家和技术雄厚、人员稳定的开发队伍、有关的工作人员组成。

（2）风险评估。档案部门必须清楚档案信息系统现有以及潜在的风险，充分评估风险可能带来的威胁和影响，这是档案信息化建设必须首先解决的问题，也是制定信息安全策略的基础与依据。进行风险评估，不只在明确风险，更重要的是为数字档案信息安全管理提供基础和依据。

风险评估是一项费时、需要人力支持以及相关专业或业务知识支持的工作。风险评估应遵循以下原则：①安全、风险和成本均衡分析原则。即用最小的成本达到适度安全的需求。②整体性原则。运用系统工程的原理进行网络信息安全的整体解决方案设计，以达到完整性的要求。③可用性和易操作性原则。信息安全系统对于操作者应该是可用的，操作应该是简单易行的。④适应性和灵活性原则。安全策略必须随着网络性能和安全需求的变化而变化，适应性强，易修改。

（3）制定安全策略。制定档案信息的安全策略，要在完善配套、科学合理的有关数字档案信息安全的法治和标准体系下，通过有效的信息安全技术和安全管理遏制来自外部和内部的攻击，增强安全防护能力和隐患发现能力，确保数字档案信息资源内容和信息载体的安全，达到所需的安全级别，具体安全策略可分为内部建设安全策略和网间互联安全策略等，循序渐进并逐步加以完善，最终形成功能强大的数字档案信息安全管理体系。

制定安全策略时不能脱离实际，过于理论化或限制性太强的安全策略可能导致工作人员的漠视。因此在安全策略制定时必须遵循以下原则：越符合现状越容易推行，越简单越容易操作，改动越小越容易被接受。档案信息安全策略需要根据信息技术发展、自身的安全需求进行不断的修改和更新，以保证档案信息安全不受新的信息安全风险的影响。

（4）开展数字档案信息安全管理培训。开展数字档案信息安全培训是档案信息安全管理体系的重要环节之一，特别是各关键岗位的人员，对档案信息的安全起到重要作用。在实际工作中，大部分档案信息安全问题都是由人为因素造成的。人本身就是一个复杂的信息处理系统，还会受到自身生理因素和心理因素的影响，受到技术熟练程度、责任心和道德品质等多方面的影响。因此对于档案部门工作人员的培训不应是"一次性"的活动，需要定期对人员进行安全策略及安全技术的"应知、应会"培训，尤其是安全策略更改或面临新的安全风险、部署新的安全解决方案之后，更要对其加强培训，以保证安全策略的有效程度。

（5）贯彻执行管理决策。管理决策的贯彻执行必须依靠人来完成，虽然档案信息安全保障体系的建设涉及档案部门方方面面的因素，但归根结底的因素是"人"。没有机构人员的认可、理解与支持，就没有实施数字档案信息安全管理保障体系的前提；没有档案部门的有力组织协调，则很难保证信息系统建设的顺利进行；没有相关实施人员的互相配合和出色工作，无法使信息系统中各模块的信息无缝集成；没有具体业务人员及时准确地收集各种基础信息，就没有信息系统的输出；没有资深咨询顾问的正确指导，信息系统实施就难免多走弯路，甚至有可能失败。

（6）持续完善管理体系。①确定待评价系统的边界和范围，明确评价的目的，以系统整体为立足点，总体分析各方面的效益与成本，及其与系统各构成部分的关系。②确定待评价系统的状态与所处的阶段，例如可行性分析、总体设计、系统开发与运行等各阶段。③选择适当的评价方法，如结果观察法、类比—对比法、专家评价法或评分法等，确定适当的评价指标。④收集有关数据、资料进行分析、计算，得出评价结果，并将评价结果书面化。根据评价结果进行不断完善，提高档案信息安全管理体系及具体实施过程的有效性和效率，以满足自身、用户和其他相关方日益增长和不断变化的需求与期望。

（三）安全技术体系

1. 信息确认技术

对于纸质文件，以往用书面签署或签印的形式将责任者名或责任者特征（如指纹）固化到文件载体上，借助纸质文件载体与内容的不可分离性来证明文件内容的原始性和真实性，使文件具备法律效用。这种方法显然不适于不具有恒定载体的电子文件。对于虚拟流动的电子文件，信息确认技术起到了相当于签署纸质文件的作用。

信息确认技术是通过一定的技术手段防止文件的内容被非法伪造、篡改和假冒，同时用来确认文件的发出、接收过程及利用者身份和权限的合法性。完善的信息确认方案应能实现以下四个目标：①合法的文件接收者能够验证其收到的档案文件是否真实；②发文者无法抵赖自己发出了所发的文件；③合法发文者以外的人无法伪造文件；④发生争执时，具有仲裁的依据。实现上述目标需要综合采用多种技术手段，目前，常用的有数字摘要技术、数字签名技术和数字水印技术。

（1）数字摘要技术。文件的发送者采用某种特定算法（摘要函数算法）对发文进行运算，获得相应的摘要（即验证码），摘要具有这样的性质：如果改变发送文件的内容，即便只是其中一个比特，获得的摘要将发生不可预测的改变。摘要将作为发送文件的一部分附加在文件后一起发出，接收者则利用双方事先约定好的摘要算法对收到的文件做同样运算，并比较运算所得的摘要与随文件发送来的摘要是否一致，以此鉴定收到的文件是否在发送过程中受到篡改。如果摘要函数（相当于前面的密钥）仅为收发文件的双方所知，通过上述报文认证即可达到信息确认的上述四个目标。这种方法的缺点是：因收发文双方使用相同的摘要函数，因而，摘要函数本身的安全保密性是一个很大的问题，多次使用的摘要函数一旦被第三者窃获，报文认证便不再安全。

（2）数字签名技术。数字签名是指数据电文中以电子形式所含、所附用于识别签名人身份并表明签名人认可其中内容的数据，而数据电文是指以电子、光学、磁或者类似手段生成、发送、接收或者储存的信息。

从技术上看，数字签名是非对称加密技术的一种，其基本原理类似于上述报文摘要技术。首先，签名者使用签名软件对拟发送的数据电文（电子文件）进行散列函数运算，生成报文摘要；其次，由签名软件使用签名者的私钥对摘要进行加密，加密后的报文摘要附着在电子文件之后，连同签名者从认证机构处获得的认证证书（用以证明其签名来源的合法性和可靠性）一同传送给文件接收者。

文件接收者在收到信息后，首先使用软件用同样的散列函数算法对传来的电子文件进行运算，生成报文摘要，同时，使用签名者的公钥对传送而来的报文摘要进行解密，将解密后的报文摘要和接收者运算生成的报文摘要进行比较，如果两个摘要一样，就表明接收者成功核实了数字签名。在核实数字签名的同时，接收者的软件还要验证签名者认证证书的真伪，以确保证书是由可信赖的认证机构颁发的。经核实的数字签名向文件的接收者保证了两点：第一，文件内容未经改动；第二，信息的确来自签名者。

签名者所用的数字签名制作工具（公钥、私钥、散列函数、软件等），不是由签名者自行制作的，而是由合法成立的第三方电子认证服务机构在充分验证发文者真实身份后提供的。电子认证服务机构颁发的数字签名制作数据及认证证书相当于网上身份证，帮助收文、发文者识别对方身份和表明自身的身份，具有真实性和防抵赖功能。与物理身份证不同的是认证证书还具有安全、保密、防篡改的特性，可对电子文件信息的传输提供有效的安全保护。

（3）数字水印技术。数字水印类似于传统印刷品上的水印，用以鉴别电子文档的真伪。该印记在通常状态下隐匿不现，除非用特殊技术检测。一旦这种水印遭到损坏，文件数据也会受到破坏。

上述信息确认技术的实质是，文件发送者将签署信息（加密运算方法）以不可分离的方式与文件内容（而不是纸质文件的载体）"编织"一体，使他人无法在不改变签署信息的前提下改变文件内容，或者相反（就像无法不改变载体而改变纸质文件上的内容一样），而收文者则通过验证其信息内容中的签署信息来证实文件内容的原始性和发文者的原真性。

2. 防写技术

防写技术是保障电子文件内容不被修改所采取的安全技术，其目的是通过技术手段来固定处于静态的电子文件的内容信息。大多数文件管理系统具有将运行其中的文件属性设置为"只读"状态的功能，在只读状态下，文件内容只能读取，不能更改，除非具有高级权限的用户来更改文件的"只读"属性。另一个简单的技术手段是将文件内容刻录到CD-R光盘、WORM磁盘等一次性写入存储介质上，这些不可逆式（无法改写已写入的内容）的存储载体有效防止了对静态电子文件内容的改动，保证了电子文件的真实性和完整性。

3. 审计技术

审计技术旨在记录电子文件运行处理的全部过程，抑制非法使用系统的行为。采用审计技术的电子文件管理系统将自动记录下系统运行的全部情况，形成系统日志。审计记录

(1) 从客户机和服务器两个方面采取杀毒防毒措施。电子文件管理系统有的采用客户机/服务器模式，客户机、服务器都可能遭受病毒侵害，因此，必须同时展开防毒杀毒工作。作为局域网人口的工作站，不仅受病毒攻击的可能性更大，而且数量较多，管理分散，往往是最薄弱的环节，必须重点设防。对于功能简单的工作站尽可能设置成无盘工作站，并在所有工作站上都安装防病毒卡或芯片。服务器是整个网络的"中枢神经"，是网络信息资源的集中地，是防毒工作的重点。防止服务器被病毒感染的主要措施是：尽量少设超级用户；将系统程序设置为只读属性，对其所在的目录不授予修改权和管理权等。

(2) 由于病毒不断变异，杀毒软件也不断升级，网络管理员与档案管理人员应注意及时更新杀毒软件的版本类型，选用最先进、可靠的防杀网络病毒软件。

(3) 加强对网上资源的访问控制，防止非法用户进入网络，充分利用网络操作系统和文件管理系统所具有的安全管理功能。防毒杀毒是一项系统工程，必须从管理和技术两方面着手，采取综合措施建立起完善的病毒防治体系。

四、人才队伍保障体系

在档案信息化进程中，知识和掌握知识的人才是事业获得成功的决定性要素，也是信息化保障体系建设的核心任务。信息技术的发展已经为档案信息化提供优越的条件，然而，技术的日新月异，也对档案信息化人才提出了越来越高的要求。如何培养好、使用好各类人才已经成为档案信息化实力的主要标志。

(一) 人才队伍的素养要求

1. 创新思想观念

提升档案信息化人才的决策能力和执行能力具有决定性的作用。为此，需要培育以下七种新思维。

(1) 开拓思维。树立追求理想、崇尚科技、奋力改革、不断开放、不畏艰险、奋勇拼搏、图存图强的开拓意识，破除守旧、畏难、不作为的落后意识。

(2) 战略思维。战略是对事业发展全局性、长远性的谋划，战略眼光是大视野，战略目标是大手笔。为此要将档案信息和社会发展的大趋势，如改革开放、经济繁荣、知识管理、文化传播等紧密联系起来，将社会需求作为档案信息化的目标，形成科学的"顶层设计"，自上而下、积极稳步地组织和推进档案信息化工作，改变过去各自为政、分头重复建设的粗放型发展格局。

(3) 策略思维。策略是又快又好地实现战略目标的最佳路径。当前应当实行"内合外联"的策略，即对内实行档案技术和信息资源的整合，以整合的实力提升外联的能力；

对外实行与外部信息系统的外联，将优质档案信息资源接收进来，辐射出去，使档案信息系统成为社会信息的集散枢纽。

（4）人本思维。档案信息系统要真正做到"以用户为中心"，即以档案利用者和档案工作者应用度、满意度作为信息系统建设的出发点和归属点。为此，信息系统要尽可能满足用户，特别是社会大众的需求，且做到操作简便，界面友好，富有人性。

（5）开放思维。网络化是一个开放的平台，只有开放才能充分发挥网络化的优势。因此，档案信息系统要积极致力于与各种社会信息系统互连互通，无缝对接，在互连中获取更多的数字档案资源，在网络化服务中提升档案工作的社会影响力和认可度。

（6）忧患思维。电子档案的存储密集性、传播快捷性、技术依赖性和表现虚拟性，使其失真、失全、失效、失密的风险日益增大，而且数字化带来的灾难往往具有一瞬间、毁灭性的特点。由此，搞档案信息化建设要居安思危，警钟长鸣。

（7）辩证思维。档案信息化会遇到许多矛盾的对立面和统一体，如资金的投入与产出、数据的存入与取出、配置的集中与分散、信息的共享与保密、文件的有纸与无纸、资源的增量与存量等，需要我们用联系的方式和发展的眼光去认识，处理好对立统一的关系，避免非此即彼或顾此失彼的僵化思维方式。

2. 重构知识结构

按照档案信息化的需要，现代档案工作者的知识结构需要作以下补充。

（1）信息鉴定知识。信息时代的档案信息在规模上是海量的，在门类上是多维的，在价值上是多元的。档案工作者只有具备电子档案信息内容价值和技术状况的鉴定知识，才能及时、准确地捕捉和收集具有档案价值的信息，并根据其重要程度划定保管期限。

（2）科学决策知识。档案信息化迫切需要科学规划。档案工作者只有具备开展调查研究，制定科学战略规划和规划实施方案的能力，才能把握大局，把握方向，登高望远，运筹帷幄，避免信息化走弯路，受损失。

（3）宏观管理知识。档案行政是档案信息化的直接动力。档案工作者应当具备组织、指挥档案信息化工作的业务能力，有关档案信息化法规、制度、标准、规范的专业知识，以及从档案业务和信息技术的结合上依法行政的执行力。

（4）需求分析知识。档案信息系统建设须以用户为中心，需求为导向。为此，档案工作者应能对档案信息的现在用户和潜在用户，当前需求和未来用户需求，本单位内部需求和社会大众需求，进行全面的、前瞻的分析，并对档案信息系统的信息需求、功能需求和性能需求进行准确的描述和规范的表达。

（5）系统开发知识。为了实现档案业务和信息技术的完美结合，档案工作者必须全程、深度参与档案管理信息系统开发。为此，档案工作者需要学一点软件工程的理论和软件开发的技术，学会用信息技术的专业语言与信息技术人员进行沟通，准确表达档案工作者对信息系统建设的需求。

（6）系统评价知识。评价是系统维护和改进的前提。档案工作者要具备评价档案信息系统质量的能力，能从档案管理和计算机技术的专业角度，评价档案信息系统的间接效益和直接效益，评价系统管理指标、经济指标和性能指标，并能对系统存在的问题提出改进的意见和建议。

3. 提升操作技术

（1）信息输入技术。能够采用传统的键盘输入技术，先进的语音、文字、图像识别输入技术，数据导入、导出转储技术，数码摄影、摄像技术，快速、准确地输入文字、图像、声音、视频等信息。

（2）信息加工技术。能够采用信息检索工具，从指定的网页、服务器、脱机载体中采集档案信息；按照档案的形式和内容特征进行分类；按照档案的内在联系进行组件、组卷或组盘；采用自动或手工方式对档案进行著录和标引，以及对档案元数据进行采集、封装和管理。

（3）信息保护技术。熟悉或掌握数据库管理、数据组织、数据迁移、数据加密、数字签名、脱机存储、网络访问控制、数据容灾，以及维护电子档案真实性、完整性、有效性和安全性等技术。

（4）信息处理技术。熟悉或掌握文本编辑、图像处理、视频编辑、文件格式转换、数据下载或上传等技术。了解或掌握档案多媒体编研技术，能围绕特定主题，将编研素材编辑制作出档案编研成果。

（5）信息查询技术。能够按照用户查档要求，正确选择检索项、关键词、主题词、分类号，并正确组织检索表达式，对在线或离线保存的文本、超文本全文信息进行检索，并对检索结果进行打印、下载、转发等处理。

（6）信息传输技术。包括采用电子邮件、短信、微博、微信等手段接收和传播文本型、图像型、声音型、视频等各类档案信息。

4. 优化队伍结构

档案信息化建设的人才队伍至少需要以下四种类型的专业人才，特别需要兼备两种以上特质的跨界复合型人才。

（1）操作型人才。档案信息化涉及的环节多、操作性强，需要一大批既懂档案管理业务，又熟悉计算机操作技能的操作型人才。这类人才的主要责任是应用计算机网络技术，从事档案数据积累、归档、组卷（组件）、分类、编目、扫描、保管、鉴定、检索、数据备份等操作，他们的工作重复、枯燥，容易因疲劳、烦躁而出差错。而他们的工作责任心和操作能力，直接关系档案信息资源的安全、质量和价值。对他们的素质要求是具备强烈的信息安全意识、高度的工作责任心和熟练的操作技能，例如纸质档案扫描，只要求掌握规范的操作流程和方法，以及必要的图像处理技术。操作型人才的培养需要短期的突击培训，而更主要靠在实践中锻炼成才。

（2）研究型人才。档案信息化需要科学的理论指导，没有理论指导的实践是盲目的实践，脱离实践的理论是空洞的理论。研究型人才是理论的探索者和实践的导向者，其主要责任是：研究档案信息系统建设的理论；探索电子文件归档管理和电子档案科学保管、远程利用的方法；研究新技术、新方法在档案领域的应用；研究、开发先进、适用的档案信息管理软件；提出电子文件和数字档案管理的标准规范；主持或参与档案信息化科研工作；从理论和实践的结合上指导档案信息化工作的开展；培养档案信息化建设人才。目前，档案信息化研究者主要由档案信息化工作者和高校师生构成，他们有各自的优势，却又各自存在理论与实践方面的不足。最好是两方面研究者进行强强联合、优势互补，促进理论和实践的紧密结合和良性互动。

（3）管理型人才。档案信息化是复杂的系统工程，需要实行严格的目标管理和精细的过程控制。管理型人才的主要责任是：掌握国内外档案信息化建设的现状、经验教训、发展趋势；制定切实可行的档案信息化战略规划和实施方案；制定相关的管理办法和标准；组织、指挥、督促、指导本地区及本单位的档案信息化工作；协调档案信息化建设和其他外部信息系统建设之间的关系；培养和使用档案信息化人才资源；有效筹集和合理使用信息化建设资金等。

（4）其他型人才。

第一，法律人才。档案信息化建设，特别是网站建设，可能涉及保密、隐私保护、知识产权、合同管理、网络安全等法律问题，需要具有相关法律知识的人才提供法律支持。

第二，外语人才。外资、中外合资企业的档案信息系统和档案信息资源往往涉及大量的外文，需要外语人才。

第三，数据库管理人才。数据库定义、运行维护、资源配置、权限设置、数据迁移等都需要数据库管理的专业知识，此项工作往往由本单位信息技术人员担任，如果数据库服务器设在档案部门的，档案部门也需要配备这样的专业人才。

第四，多媒体编研人才。如果本单位需要大量从事多媒体档案编研工作的，则需要配备必要的多媒体档案编研人才，以便从事对多媒体档案收集、整理和编辑工作。

总之，人才结构的落实，关键在档案部门的岗位设置。由于各单位受人力资源编制的限制，从实际出发，以上人才岗位的设置，既可以是专职，也可以是兼职，如果是兼职的话，不宜兼职过多，以免影响其专业能力的发挥。

(二) 人才队伍建设的策略

1. 预测与规划

人才的引进与培养不可能一蹴而就。特别是从档案队伍中培养信息化人才需要较长的时间。为此，各单位要按照本单位、本行业档案信息化长远规划和可行条件，分析人才总量、结构、分布与需求的差距，对人才需要进行前瞻性预测，对人才引进和培养方式进行决策、制订计划、纳入编制，然后有步骤地引进和培养人才。规划要综合考虑到人才的知识结构、技能结构和类型结构。

2. 组织与管理

（1）加强人才队伍建设工作。各机构要真正树立起科技是第一生产力和人才是"第一资源"的意识，把档案信息化人才队伍建设工作摆上重要议事日程，定期讨论研究，解决人才配备、培养、使用中遇到的难题。

（2）加强人才资源的行政管理。人力资源管理人员要注重发现有潜质的人才，将他们安排在适当的岗位，为他们提供施展才华的舞台；要培养人才的创业精神和实践能力，对在信息化建设中作出贡献者给予必要的奖励；要提供必要的工作条件，保障经费，加强对信息化人员的继续教育和岗位培训，提高他们的综合素质、服务意识和档案信息安全意识；要重视对人才理论、人才成长规律和管理规律的研究，学习借鉴国外人才资源开发的经验。

（3）加强督促检查，狠抓落实。定期对档案信息化人才队伍建设情况进行调查研究、督促检查。建立一套符合人才成长规律的工作制度和人才成长的良好氛围，为建设素质优良、结构合理、队伍稳定、技术精湛、经验丰富，为具有敬业精神的档案信息化人才队伍提供各种支持条件。

3. 培养与使用

（1）人才培养途径。

第一，对现有档案人员的教育与培训。加强档案业务人员培训是解决档案信息化建设所需人才的主要措施，是提高现有档案人员信息化能力和技能的主要途径。坚持各级档案部门领导干部进修制度，把档案信息化建设相关的计算机应用基础知识、数字化技术知识、网络技术知识、现代管理技术知识等列入指导性教学计划；加强对档案业务人员应用新技术、新设备、新方法的培训，普及信息技术知识，提高档案业务人员掌握和运用现代化技术的技能。

在培训方式方面，要把档案部门自主培训和社会辅助培训结合起来，发挥各方面的优势，增进培训效果。档案部门自主培训的方法包括：建立人才培训中心，根据实际需求分期分批地进行轮训，有条件的单位可以设立研究机构，培养高级信息人才。借助社会协助培养包括：利用高校优势，加大档案信息专业培训力度、与国内外教育或信息、技术机构合作建立人才培训中心，选拔有培养前途的档案业务人员到高校深造。不管采取何种培训方式，首要的一点是要有科学的规划和必要的投入。有了规划，人才培训机制才能得以建立，培训工作才能坚持始终。投入是培训工作的资金保证。同时，要把档案信息化建设的实践作为锻炼队伍培训人才的过程，成为边学习、边实践、不断总结、不断提高档案业务人员信息化建设能力和实际操作技能的过程。

第二，引进人才。档案信息化建设需要的信息技术、信息管理专业人才，很难在短时期内从档案工作者中培养。为了满足急用之需，需要从社会上引进IT人才。引进的人才一定要综合素质高，事业心、责任心强，信息技术能力强，团队协作意识强。为此，在引进人才时要严格审核，特别要考察其解决实际问题的能力，避免盲目引进。对引进的IT人才，要尽快使其掌握档案理论和业务知识。

第三，短期聘用人才。IT人才也分各种层次和专长，他们适用于档案信息化建设的各个阶段和岗位，如系统分析员适用于系统建设的前期阶段。该阶段结束后，就不需要系统分析员了。因此，档案信息化建设中涉及的一些高级技术人才和纯技术性工作的人才，可以用外包、合作或聘用的办法加以解决。档案信息化建设所需要的法律人才、外语人才、多媒体编研人才、数据库管理人才、系统维护人才，也都可采取这种方式解决。

（2）人才培养方式。人才培养的方式应当是多层次的，高等院校是档案信息化专业人才的培养基地，具有较强的师资力量、较高的科研水平和完备的教学设施，是我国档案人才培养的骨干和主体。因此，必须通过继续教育、岗位培训、专题短训等方式，对具有档案专业背景和信息技术背景的人才，按照"缺什么，补什么"的原则，进行各种专业知识和技能的突击培训，完善人才的知识结构，以解档案部门复合型人才缺乏的燃眉之急。

（3）人才的使用。档案信息化建设要想吸引人才，留住人才，调动人才为档案事业奉献的自觉性和主动性，就需要制定相应的人才吸引政策；关注和解决档案信息化人才的切身利益；给人才安排适当的岗位，使其发挥专长；给人才提供继续教育和实现自身价值的机会，真正做到以"事业留人""感情留人""适当的待遇留人"，真正做到人尽其才，才尽其用。

五、信息技术保障体系

第一，硬件基础设施的建设是信息技术保障体系的重要组成部分，包括高性能的服务器、存储设备、网络设备等，以支持档案信息系统的正常运行。同时，为了保障档案信息的长期保存和可访问性，需要建立完善的数据备份和恢复机制，确保档案信息不会因为硬件故障或其他意外事件而丢失。

第二,建立健全的软件系统也是信息技术保障体系的必要条件,档案管理系统是其中的关键组成部分。该系统需要具备强大的数据管理、检索和分析功能,以满足不同用户的需求。此外,还需要开发和维护与档案管理相关的应用程序和工具,以提高档案管理的效率和质量。

第三,信息安全是信息技术保障体系建设的重中之重。由于档案中包含大量敏感信息,如个人隐私、国家机密等,因此必须采取一系列措施来保护这些信息不被未经授权的访问和泄漏。这包括建立访问控制机制、加密数据传输和存储、定期进行安全审计等。此外,还需要为档案信息系统的运行提供强大的防火墙和入侵检测系统,以应对各种网络威胁。

第四,除了技术方面的要求,信息技术保障体系的建设也需要注重人员培训和管理。档案管理人员需要具备一定的信息技术知识和技能,以便能够熟练操作档案信息系统,并有效地管理档案资源。此外,还需要建立规范的管理流程和标准,确保档案信息的准确性、完整性和可信度。

第五,信息技术保障体系的建设需要不断进行监督和改进。随着技术的不断发展和档案信息的不断增长,需要不断更新硬件和软件设备,加强信息安全措施,提高人员培训水平,以适应不断变化的环境。同时,还需要建立健全的绩效评估机制,定期评估信息技术保障体系的效果,及时发现和解决问题,确保档案信息化工作始终处于良好状态。

总之,信息技术保障体系的建设对于档案信息化工作至关重要。它不仅能提高档案管理的效率和质量,还能保护档案信息的安全性和可访问性,为档案资源的有效利用提供有力支持。因此,各级政府和档案管理机构应高度重视信息技术保障体系的建设,投入足够的资源和精力,确保档案信息化工作取得更大的成就。

第五章 乡镇社区档案管理的综合优化与发展

第一节 乡镇社区基层档案管理的现状与创新

乡镇是我国的基层政权组织，在履行各自行政职能过程中，形成了各种有价值的档案材料，这些档案材料是以后工作查考的重要依据，不仅是经济建设的宝贵财富，而且也是文化传承、科学研究、维护社会稳定、强化育人的重要资源。"档案工作为农业农村工作的开展提供了基础性保障，对乡镇工作的开展起到了良好的促进作用。"[①] 所以乡镇社区基层档案管理工作非常重要，是我国档案管理体制中的重要组成部分，乡镇社区基层档案工作管理的好坏，直接影响到全国档案工作的质量。因此，在完善顶层设计的基础上，投入更大的精力、更多的物力、财力，强化各种体制机制，引进更先进的管理技术和管理办法，把乡镇社区基层档案工作推向一个新的高度。

一、乡镇社区基层档案管理的现状

乡镇社区基层档案的定义是指乡镇党委、政府、人大、群团组织及企业组织在各项活动中直接形成的具有保存价值的各种文字、图表、声像等不同形式的历史记录。它是乡镇社区基层工作的重要组成部分，是一项基础性、支撑性工作，在推进乡镇社区基层治理体系和治理能力现代化建设中具有重要作用。

（一）工作人员影响着社会大众的档案意识水平

乡镇社区基层档案工作人员直接面对的是乡镇社区基层机关人员和村居百姓，他们的工作能力、工作水平、工作待遇、工作形象和受尊重程度将直接影响他们的工作态度和工作积极性。如果政府对档案工作重视程度不够，档案工作人员水平不高，档案工作弱化，甚至对档案工作不屑一顾，档案从业人员在工作中没有获得感、荣誉感、成就感，那么势必会影响全民档案思想水平的提高，最终影响全国档案事业的发展；相反，如果政府重视档案工作，档案工作人员待遇高，工作环境和福利好，势必会吸引更多工作能力强、业务

[①] 高杰. 综合管理背景下的乡镇档案管理规范化探究 [J]. 兰台内外，2022，(18)：53.

水平高的人员从事档案工作。人们在日常生活中就会不自觉地提升档案意识，全民档案思想水平就会得到整体提高。

（二）我国档案事业管理体制的重要组成部分

档案事业管理体制是一种国家档案事业管理模式和组织形式，它包括各类档案馆的设置、相互关系、权限划分等，目前我国的档案管理体制实行集中式管理，也就是全国的档案事业统一接受档案行政管理机关的领导和监督，地方档案机构必须接受上级档案机构的指导和监督。实行这种管理体制是与我国历史文化传统、社会主义制度、国家体制等多种因素相关的。这种管理模式有利于实现全国档案工作的标准化、规范化和现代化，有利于实现档案事业的统一规划和有序管理，便于建立和协调各类档案机构之间的关系。

乡镇社区基层档案工作显然是这一管理体制中重要一环，它在乡村档案和县级档案工作中起着沟通和桥梁作用，不仅将上级档案工作要求和指示精神传递给村级档案室，而且还要对村级档案工作进行监督和指导，因此乡镇社区基层档案工作在全国档案事业中具有举足轻重的作用。

（三）影响和制约着全国档案事业的现代化

档案工作现代化是档案事业发展的必然要求，是信息技术与档案工作完美结合的产物，档案工作现代化包括档案工作的标准化、档案管理的科学化、档案技术的现代化等方面。乡镇社区基层档案工作的现代化受到多种因素的影响和制约，具体如下。

第一，资金和资源限制。乡镇社区通常面临有限的财政资源，这可能限制了他们投入到档案工作现代化所需的设备和技术的资金。缺乏资金可能导致设备陈旧、信息技术滞后等问题。

第二，人才匮乏。乡镇社区档案工作可能难以吸引和留住具有现代档案管理技能和知识的专业人员。这可能会导致档案管理的科学化和技术现代化水平受限。

第三，技术基础设施不足。乡镇社区可能缺乏适当的网络基础设施和信息技术支持，这将限制档案信息服务的网络化和自动化程度。

第四，意识和文化障碍。一些乡镇社区可能缺乏对档案工作现代化重要性的认识，或者存在传统的档案管理方式和文化，难以改变。这可能导致抵制现代化的态度和做法。

第五，法律法规和政策支持。乡镇社区档案工作的现代化需要相关的法律法规和政策支持，以鼓励和推动改革。缺乏这些支持可能会成为制约因素。

第六，社会经济发展水平。乡镇社区的经济发展水平可能不同，这会影响其能够投入到档案工作现代化的程度。相对贫困的社区可能更难以实现现代化。

为了促进乡镇社区基层档案工作的现代化，需要解决上述问题，提供适当的培训和支持，制定相关政策，提高人们对档案工作现代化的认识，同时致力于提高基层档案管理的效率和服务质量，以满足社区和公众的需求。

二、乡镇社区基层档案管理的创新

（一）加大宣传力度，提高全民意识

加大档案工作的宣传力度，让更多的人认识到档案工作的价值是目前做好档案工作的首要前提。档案的价值从不同的角度可以分为不同的类型。从档案价值主体对象可将档案价值分为第一价值和第二价值，其中第一价值是指档案对其形成者的价值，它一般在档案形成之初在档案室里就可以实现；第二价值是指档案在其存续后期所具有的对社会利用者的价值，包括查考价值、文化传承价值、科研价值、思想教育价值等。我们强调加大档案工作宣传力度，实际上主要是让人们认识到档案的第二价值。

为了更好地加大档案工作的宣传，提高全民档案意识水平，扩大档案在公众和各机构中的影响，鼓励更多人们正确地认识档案、使用档案，让档案发挥出应有的价值。各机构可以根据当年的宣传主题开展形式多样的档案宣传、档案展览、档案修复体验、档案讲座等活动，以此来鼓励和吸引人们积极参与档案的保护和利用等，从而提升档案在人们心目中的地位，增强社会档案意识。

（二）增加经费投入，提升信息化水平

档案工作发展的趋势就是实现档案工作的信息化，做到档案存量数字化、增量电子化、服务网络化。档案信息化建设是发挥档案自身信息价值，推动档案工作走向现代化的必经之路。

加大对乡镇社区基层档案基础设施建设的投资力度，建设或者购置能够满足档案信息化建设的基础硬件设施、软件系统设施等。其中硬件设施主要包括档案机房、数字化用房、数字化加工和存储设备、网络设备和网络光缆等；软件系统设施包括系统软件（如计算机操作系统软件）和应用软件（如档案管理系统、财会管理软件、业务统计软件等）。另外，为增加档案从业人员工作的积极性，鼓励他们长期从事基层档案事业，可以提高档案从业人员的工资福利水平，在机关年终评优树先等方面适当向档案从业人员倾斜。改善档案室工作环境，提高档案从业人员的获得感、幸福感、荣誉感。

（三）加强从业人员教育，提升人员能力

加强乡镇社区基层档案工作，提升档案从业人员的素养是其中的关键一环。档案人员

提升。

第二，档案行政管理部门要采取宣讲、指导、培训、组织经验交流等多种途径，对乡镇社区档案管理人员进行价值观引导，鼓励他们在工作之余主动进行自学，提高自身学历水平，培养他们树立爱岗敬业的职业精神和服务意识，重视档案工作，增强工作主动性，激励他们为发展档案事业作出更大贡献。

第三，加强档案人员业务学习和培训。市、区、县级档案行政管理部门要定期开展业务指导和培训，这些培训要贯穿管理人员上岗前期、到岗工作时期、岗位交接整个过程。培训指导可采用两种方式进行，一种是开设专题学习培训班，组织全市乡镇社区档案工作人员进行为期几天的集中学习，最后通过考试检测培训效果，为通过培训的档案管理人员颁发培训合格证书。第二种是市、区、县级档案行政管理部门派人进驻到乡镇社区，对乡镇社区档案管理人员进行专门培训，解答他们在实际工作中遇到的困惑，对档案管理的各个业务环节进行全程指导、组织和监督，逐步提高档案人员业务水平。

三、稳步推进乡镇社区档案信息化建设

档案信息化建设是当前时代背景下档案工作的必然趋势，实现档案信息化才能促进档案事业更好更快发展。为了加快乡镇社区档案信息化建设的步伐，努力实现乡镇社区档案资源信息化管理，实现网络环境下信息资源的互联、互通和共享，需要加强以下几方面的工作。

第一，基础设施是档案信息化建设的前提和基础，因此，乡镇社区需要在现有资金保障条件下，为各个乡镇争取配置如基本的电脑、扫描仪、打印机等现代化硬件设备，配套基础的档案管理软件及系统。

第二，在人才队伍建设方面，首先要培养和重用具备现代化技术的复合型人才从事乡镇社区档案管理，将掌握现代化技术的人才作为干部资源储备。其次要对在职乡镇社区档案管理人员进行信息化系统培训，教会他们电脑、扫描仪等设备的操作及使用方法。

第三，全面开展传统载体档案数字化工作。考虑到乡镇自身的资金保障、人员配置等方面因素的限制以及群众对档案利用需求不均衡等因素，大部分乡镇社区档案馆（室）还无法将所有档案资源进行数字化，因此各乡镇可以先行选择目录数字化工作，或者利用频次较高、价值较高的档案优先进行数字化，稳扎稳打，结合实际，一步一步完成档案数字化工作。

第四，利用已完成的档案数字化资源，建设乡镇社区档案数据库，统筹各个乡镇，构建乡镇社区档案资源网络，实现乡镇社区资源共享，利用信息技术和网络优势，形成覆盖乡镇社区资源网络。

四、优化乡镇社区档案管理业务环节

乡镇社区具体开展各个档案管理业务环节工作的规范程度，一定程度上是该乡镇社区档案工作水平高低的标志，维护乡镇社区档案的完整、安全，就要严格规范其各个管理业务环节。乡镇社区档案管理业务的八个环节，每一个环节都要完成不同的工作内容，每一个环节都环环相扣、缺一不可。根据乡镇社区管理实际情况的调研分析，针对其存在问题，对其中的收集、整理、保管、利用四个业务环节提出具体改进措施。

(一) 强化乡镇社区档案收集工作

收集工作是乡镇社区开展档案管理工作的基础和前提。要解决目前普遍存在于乡镇社区管理工作中归档文件材料收集不齐全的问题，要从以下几方面着手。

第一，明确归档范围。各个乡镇社区档案馆（室）要参考国家档案局的文件要求，制订本馆（室）的收集档案范围细则和工作方案，上报上级档案行政管理部门同意后实行，确保乡镇机关、各站所职能活动中直接形成的文字、图表、声像、实物等文件材料都能完整、按时归档。特别注意几类档案材料的收集：乡镇机关反映其内部职能活动的文件材料；涉及社会主义新农村建设、综治维稳、精准扶贫、乡镇规划、农村土地承包经营权、农村土地确权登记颁证、土地林地征收、文化建设、财政审计、安全生产、司法信访等有关乡镇经济发展和社会管理方面的档案；关乎群众日常生活的婚姻登记、优抚救济、复退军人安置、房屋拆迁、教育卫生、社会保障等民生档案；村（社区）反映组织建设和自治管理、事务管理、权属、合同协议、综治调解等方面的档案；照片、声像、实物等特殊载体档案。

第二，设定归档时限。乡镇社区档案管理机构要积极组织开展档案的收集工作，乡镇机关、社会团体、组织和村（社区）必须定时向乡镇社区档案管理机构移交档案，确保在下一年度可以完成乡镇社区档案的归档整理和集中统一管理。

第三，注重档案内容特色性。要结合各个乡镇社区独具特色的少数民族资源、旅游资源、名优特产资源、自然遗产资源、非物质文化遗产资源、历史文化资源等实际，开展档案的接收、征集工作，突出各个乡镇社区档案馆（室）藏特点。

第四，加强村务档案的收集。乡镇社区档案馆（室）要在换届期限前期，提前集中管理村务档案；如果出现因为村委会（社区）班子不作为或者违法乱纪而被罢免的情况，乡镇社区档案馆（室）应该立即采取行动，对村务档案进行代管；对于部分由于软硬件条件过差无法确保档案安全保管的村委会（社区），形成的档案要同步移交乡镇社区档案馆（室），确保村务档案应收尽收和档案内容真实、齐全、完整。

（二）规范乡镇社区档案整理工作

乡镇社区档案馆（室）需要参考遵循国家标准、行业标准开展档案整理工作。各级档案行政管理部门积极开展业务指导和专业培训。指派专业人员实地到各个乡镇社区开展档案整理工作的指导、监督工作，身体力行，以身作则；举办学习培训班，帮助乡镇社区档案工作人员熟悉各类档案的整理规范，使其熟练掌握档案材料整理工作的每一项具体内容，能够独立、正确地完成乡镇社区档案区分全宗、全宗内档案分类、立卷、案卷排列、编制案卷目录的一系列整理流程。

（三）改善乡镇社区档案保管条件

各乡镇社区档案馆（室）要针对自身实际情况，获得市、县级财政配套拨款的乡镇社区要充分利用好财政补助，未获得财政补助的乡镇社区要努力克服困难、各方筹措资金，按照规范化建设要求改建、重建档案专用库房，库房内配备档案装具、防盗门窗、遮光窗帘、灭火器、防磁柜空调机、除湿机等基本设备以及电脑、扫描仪、复印机等现代化设备，放置防虫药，严格执行专人管理库房制度，实行库房、查阅两分开，确保档案实体的安全保管。

（四）提高乡镇社区档案利用水平

在前期管理环节得到优化后，乡镇社区档案资源更为丰富多样，等待着被慧眼识珠之人利用挖掘。为进一步提升乡镇社区档案资源利用水平，可以进行以下几方面工作。

第一，加强宣传力度，提升乡镇群众的档案意识。需要采取一些例如电视、广播、报纸、文艺演出、主题展览等接地气的活动来作为档案宣传的途径，让群众能最大程度了解本乡镇社区档案馆（室）的基本概况和档案馆藏，提升群众对档案的关注度，调动他们参与档案建设的积极性，以此来扩大乡镇社区档案工作的社会影响，促进乡镇社区档案工作的进一步开展。

第二，提高乡镇社区档案工作人员的资源开发利用水平。①乡镇社区档案工作人员必须秉持敬业精神，全面熟悉和研究馆（室）藏档案情况，面对群众利用需求，能够及时准确给予答复。②乡镇社区档案工作人员要通过积极自学、参加上级行政管理机构开展的学习培训活动等多种途径提高档案编研水平，结合实际分析新形势下社会利用档案需求，在深入研究乡镇社区档案馆（室）资源的基础上，通过编写档案参考资料、编纂档案文献、参与编史修志等多种途径去挖掘乡镇社区档案资源所蕴含的珍贵价值，丰富档案资源利用方式，提高利用效率，充分满足乡镇社会经济发展的需要。

第三，改进提供利用的方式。开辟档案查阅利用场所，尽可能免费为乡镇工作人员和广大群众提供查找阅览服务、外借服务、展览服务、复制服务、证明服务、参考咨询等多种服务。

第四，利用已完成的转化的资源，编制计算机检索工具，提高档案信息的查全率和查准率，简化群众利用的步骤，进一步争取构建各个乡镇间档案信息资源互通网络，实现群众利用乡镇社区档案资源的最快捷化。

第三节　乡镇社区档案管理的规范化发展

一、乡镇社区档案管理规范化发展的意义

（一）提升工作总结能力

乡镇的档案管理工作主要负责对该地区政府的日常工作情况进行集中管理，政府的工作内容都可以由档案管理工作来体现，因此乡镇区域内档案管理工作能力的提升，对乡镇政府全面的工作开展有很大的帮助。可以记录乡镇政府的工作开展情况、人员的调动情况以及部分较大项目的落实等情况，这样一来领导集体或者部门新入职人员可以通过信息来了解各项工作的情况，再放大一点来看，对于衔接乡镇系统中的很多工作都有很大的帮助。

（二）满足乡镇社区的建设与发展需要

乡镇的档案管理工作包括对乡镇区域政府的日常工作以及乡镇区域内的经济发展情况进行逐一真实的记录。尤其是当前乡村振兴战略实施，乡镇发生了翻天覆地的大变化。政策的改革、岗位的调整以及制度的发展都影响着乡镇的整体发展走向，这些信息必须通过档案管理工作来一一落实。因此做好档案管理工作的调整和升级，能够更好地对发展信息进行保存，对于新农村建设有很好的参考价值。乡镇的改革发展是漫长且持久的过程，通过制度的不断完善转变乡镇的发展趋势，需要依靠全面制度化改革来实现。这些改革模式和改革数据的存储能够很好地为后续的发展和进一步的转变提供数据的支持，对于乡镇发展的规律和发展模式的变化也有很高的借鉴价值。

二、乡镇社区档案管理规范化发展的策略

（一）提升档案管理的信息化水平

乡镇社区档案管理运用现代技术进行工作是未来乡镇机关档案管理部门的大发展方

向，因此在综合管理制度的影响下，档案管理部门也应该要跟上其他部门的发展步伐，通过提升档案管理的信息化水平来对应用技术和软件设备进行升级。乡镇社区档案管理部门要实行平时立卷制度。信息化水平的提升能够有效实践该制度内容，保证平时立卷的完整性和文件内容的安全性。

第一，对档案管理系统的升级。档案管理专业如今已经完成了全面转型，对信息化和智能化技术的应用很广，乡镇机关单位的档案管理部门需要以专业发展为指向，建设现代化、制度化和数字化的档案信息收集体系。

第二，对设备信息化水平的升级。要尽快建设落实一系列具有信息收集、存储、开发和利用的智能化硬件设备，提升档案管理的收揽和存储效率。在综合管理制度的背景下，乡镇机关单位各部门的工作效率均须有效提升，与时俱进，规范档案管理工作，这样才能满足现实工作和未来发展的要求，为乡镇单位的长远发展蓄力。

(二) 升级硬件设备的标准化水平

按照现代化档案管理水平，进行乡镇社区档案管理部门的改革，包括硬件设施的配置在内，都需要逐一进行升级。档案管理硬件设备的升级可以分为三个档次。

第一档，对较为重要的设备进行升级，分别是专门档案室的配备、打印机及保密电脑。专门的档案室目前在乡镇级机关单位基本都有安排，因此要在原有档案室的基础之上进行改造，该部分改造须视档案室原本的发展情况来定，但是资金支出较小，基本需要档案管理人员进行较为自主化的调整，是较为容易满足的改造需求之一。电脑这种必须的物品要准备齐全，档案管理部门不能够与其他部门共有设备，部门内部一定要准备好自己的设备，完全独立使用。

第二档，此基础之上添加部分专用的扫描仪、专用打印机及专门的档案保险柜。这类设备主要突出的是专门性和独立性。

第三档，增加一些比较小型的设备，例如配置档案管理的防水、防火、防虫用品，及档案室内温湿度的调节和遮阳、保洁设备等。

(三) 提升考核体系的科学化水平

档案管理部门应该要建立自己的考核体系。考核管理是呈现工作效果最有力的手段之一，因此乡镇政府的档案管理部门需要依靠该系统来实现工作价值，体现工作效益。乡镇政府应该要把档案的考核管理工作也纳入乡镇季度考核和年度考核之中，督促管理人员认真完成管理工作，积极反馈工作效果。整体科学考核机制的建设要遵守奖罚分明的原则，对于考核过程中出现问题的人员要先进行教育，发现问题要及时查证问题并总结经验。具有带动作用的考核体系在建设完成后不会给部门人员带去过多的压力，带去的更多的是动力以及帮助管理人员指明工作方向。因此，迅速建立起科学且制度化的考核体系有助于提升档案工作整体效率。

乡镇机关单位档案管理工作的规范化发展各项手段是否有效，还需要通过后续摸索和阶段性实验来进一步确认。但能够确定的是，管理制度科学化、管理技术现代化、管理人员专业化是帮助档案管理工作实现飞跃的根本途径。

（四）提升档案管理人员的专业水平

档案管理人员专业化水平的提高是保证档案管理效率的关键。档案管理工作的落实关键在于人，诸多智能设备和信息技术的利用只能保证给予档案管理工作技术上的辅助，而管理效果的体现重点还是在于管理人员的选择上。

乡镇地区档案工作人员要具备高中以上文化程度，具备专业的档案管理知识，并能够保持长期稳定工作，且在工作过程中有显著成绩的，乡镇党委和人民政府应该要予以表彰和奖励。人员的选择具有很大的能动性，因此须首先明确管理人员需要具备的基本职业素养，能体现以下基本岗位标准。

第一，技术水平专业化。要保证分配到档案管理部门的相关人员具备一定的从业经验或者专业技能，不需要进行集中培训就能够上手完成任务。

第二，工作安排科学化。管理人员要具备档案管理的基础素质，要拥有严谨、科学、明确的工作规划，要对自身负责的工作内容有明确的认识，能够点明管理目的并在规定时间内完成管理项目内容。

第三，对管理制度有基本的实践能力。要遵守管理制度的约束，并按照制度标准正确应对工作，要保证自己责任分工是合理的，在此基础上还能对工作抱有责任感和自豪感。

第四节 乡镇社区医疗卫生相关档案管理思考

一、乡镇社区的健康档案建立

（一）建立健康档案的重要性

作为社会卫生规划的资料来源。"乡镇卫生院公共卫生服务是基层医疗服务的体系，也是构建和谐社会、维护社会稳定一项重要内容。"① 完整的健康档案不仅记载了居民健康状况以及与之相关健康信息,还记载了有关社区卫生机构人力资源的信息,从而为社区诊断、制订社区卫生服务计划提供基础资料。

作为社区全科医生全面掌握居民健康状况的基本工具。全科医生在实施社区卫生服务中,要为社区居民提供连续性、综合性、协调性和高质量的医疗保健服务,正确理解和鉴定居民或病人所提出的问题,就必须充分了解居民个人和家庭的背景资料。通过掌握和了解社区居民的情况,主动挖掘个人、家庭的健康问题。

规范的居民健康档案是宝贵的科研资料。准确、完整、规范和连续性的居民健康档案为前瞻性研究居民健康状况,探讨危险因素提供了理想的资料。可用于考核社区卫生服务人员的技术水平。以问题为中心的健康记录,强调完整性、逻辑性、准确性,有利于考核医生处理各种问题的医疗质量和技术水平。完整的居民健康档案还是司法工作的重要参考资料。

(二) 健康档案编写要求

为适应计算机管理,健康档案编写要求灵活性、结构化。应结合社区卫生服务工作开展情况,满足实际工作需要为第一目的,尽量做到简单、通俗、实用。完整性即内容应能反映:①病情、患病背景和潜在的健康危险因素,为诊治疾病和促进健康提供依据;②病情的发生、发展过程,以利教学;③生物、心理、社会三个层次。逻辑性是指内容的安排、取舍应考虑是否符合逻辑,是否便于归纳、推理。逻辑性强的健康档案便于医生对病情作出正确的判断,进而制订出未来的计划,有利于培养医生的临床思维能力。准确性是一切资料可用的前提,严肃性是指健康档案记录须严肃认真,只有保证严肃性方可保证以上几个方面的要求;另外,审视健康档案也可洞悉医生或其他医务人员的工作态度及品质。规范化是健康档案交流、传递、评价的必要条件,从而有利于有关的评估。

(三) 健康档案的内容

第一,家庭是个人生活的主要环境之一,它影响到个人的遗传和生长发育,影响疾病的发生、发展、传播及康复,家庭与居民的健康息息相关。家庭健康档案是居民健康档案的重要组成部分。家庭健康档案包括:①家庭基本资料包括家庭住址、家庭成员及成员的基本资料、建档医生和护士姓名、建档日期等。②家庭结构及成员的健康状况和社会资料,是简明的家庭综合资料,其使用符号有一定规定。③家庭生活周期可分为8个阶段

---

① 刘冰. 乡镇卫生院公共卫生服务项目档案建立的几点构想 [J]. 中国医药指南, 2012, 10 (07): 312-313.

（新婚、第一个孩子出生、有学龄前儿童、有学龄儿童、有青少年、孩子离家创业、空巢期和退休），每一阶段均有其特定的发展内容及相应的问题。

第二，个人健康档案包括：①基本资料：基本资料一般包括人口学资料（如年龄、性别、教育程度、职业、婚姻、种族、社会经济状况等）、行为资料（如吸烟、饮酒、饮食习惯、运动、就医行为等）、个人史（药物过敏、月经史等）。②问题目录：问题目录中所记录的问题是指过去影响、现在正在影响或将来还要影响病人健康的异常情况。问题目录常以表格形式记录，将确认后的问题按发生的年代顺序逐一编号记入表中。③问题描述及问题进展记录：将问题表中的每一问题依序号逐一进行描述。④病情流程表：流程表以列表的形式描述病情（或其他问题）在一段时间内的变化情况。通过总结回顾可以概括出清晰的轮廓，及时掌握病况，修订治疗计划、病人教育计划等。需要指出的，并非所有病人的健康档案均有必要设计、记录病情流程表，而是对于患有各种慢性病或某些特殊疾病的病人，或患有医生感兴趣的病种的病人时，才有必要使用病情流程表。

第三，慢性病随访记录包括症状、体征、实验室检查、合并症、转诊、指导、用药等。

第四，特殊人群保健记录：①儿童保健记录一般情况、预防接种记录、婴（幼）儿询问记录、婴（幼）儿体格检查记录、儿童体格检查记录、缺点矫治及异常情况处理记录。②老人保健记录生活行为与习惯、生活能力、慢性病史及体检记录。③妇女保健记录一般情况、围产期保健（妊娠情况、分娩情况、产后访视）、妇科检查记录。

（四）健康档案的管理

第一，建立健全制度为使健康档案完整、准确、全面地反映一个人一生的健康状况，有必要制定有关健康档案的建立、保管、使用、保密等制度，完善相应的设备，配备专职人员，妥善保管健康档案。

第二，健康档案的设立，要体现社区居民每人建一份个人健康档案，根据居民类别（儿童、妇女和老人）建立个人健康档案。在建立健康档案的基础上相应地建立保健记录，有慢性病者还要建立慢性病随访记录。如转诊、住院医院与社区卫生服务机构建立了微机联网，应由经治医师调档、记录相应健康问题等。家庭健康档案，一般在首次建档时，完成其主要内容的记录，待家庭发生变动或结合社区实际情况再补充或增加有关内容。家庭主要问题目录随时记录。

第三，健康档案的保管和使用健康档案要统一编号、集中存放在社区卫生服务中心，由专人负责保管。居民每次就诊时凭就诊卡向档案室调取个人健康档案，就诊完后迅速将档案归还档案室，换回就诊卡。居民健康档案建立后要定期或不定期地分析其间的有关内容，及时发现个人、家庭和社区的主要健康问题，有针对性地提出防治措施，做到物尽其用，充分发挥健康档案在提高居民健康水平中的作用。

二、乡镇社区卫生院的档案管理

（一）卫生院档案管理的特性

1. 实现规范性收集

乡镇社区通过加大对卫生院档案管理力度，不仅可以实现对卫生院档案的全面化、完整化收集和整理，还能创新出一种新型、先进的卫生院档案管理模式，从而保证卫生院档案管理操作的规范性和评估规则制度，以评估规则制度为标准，制定归档范围和标准。

为避免录入信息出现准确性不足、重复工作等问题，档案馆应对电子文件系统设置录入标准。在数字化校园建设背景下，学校要创新校园档案管理模式，加强档案管理人员的专业性培训，推行目标管理、治理监督管理制度，提升高校档案管理的服务质量和水平，确保数字化技术能被充分发挥。

通过利用网络管理模式，可以实现对卫生院档案相关文字、图片、音视频等相关信息的集中化收集，从而起到缩短收集时间的作用，使得档案收集效率和效果得以大幅度提升，从而为工作人员提供更加完整、全面的档案信息。此外，在互联网技术的应用背景下，开展卫生院档案收集工作，可以实现对档案收集流程的有效简化，使得收集空间得以最大化利用，从而保证卫生院档案收集鉴别工作变得更加自动化、有效化。

2. 实现便捷性查找

在信息时代背景下，卫生院档案管理电子档案的构建和应用，可以方便工作人员快捷、有效地查询电子档案信息，全面了解病人、医生、人事等信息。卫生院要重视对档案系统的搭建和应用，通过利用档案系统，可以为患者提供系统、全面的个人电子档案资料。

卫生院在调阅患者档案期间，医护人员可以最短时间内快速调阅所需要的档案信息，保证他们查阅档案信息的快捷性和高效性，然后，及时有效地诊断和处理患者病情信息，从而提高患者看病的高效性，使得诊断效率和诊断精确性得以大幅度提升。

3. 实现综合性管理

卫生院档案管理工作的开展，可以将档案收集、归档、调阅、整理等环节进行充分结合，从而形成一套系统、完整的档案管理体系。通过互联网技术，可以实现对卫生院档案的信息化、自动化、数字化管理，避免因管理不当导致卫生院档案信息出现泄漏、丢失等风险。

简化卫生院档案管理流程，使得卫生院档案管理环节得以有效地优化和完善，为提高档案信息的保密性和完整性打下坚实的基础。另外，可以方便卫生院借助互联网平台，实现对相关资源信息的高效化、自动化共享，为卫生院提供系统、完善的社会服务体验。

（二）乡镇社区卫生院档案管理的创新路径

1. 构建和强化档案管理信息化平台的应用

（1）充分发挥和利用先进档案管理技术的优势，实现对医疗档案的分门别类的整理，使得档案信息分类工作得以有效开展。

（2）尽可能突出档案管理信息化平台功能的完善性以及适用性，加强对该平台硬件设备的优化和完善，避免因平台硬件设备过于落后而严重影响整个平台的运行性能。配置系统化、完善化的计算机硬件设备，为医护人员搭建相应的宽带网络。对于那些没有保密要求的医疗档案信息，可以将其传输和共享到网络平台上，便于其他医护人员查看和调用，同时确保所有科室信息共享的及时性和有效性。

（3）相关部门要为档案管理信息化平台的构建投入更多的经费，聘用高水平、高素质和高能力的技术人才，由技术人才负责对该平台功能的优化和升级，确保档案信息化建设工作的有效开展。

2. 改进传统的档案管理制度

（1）针对当前档案管理现状，制定一套系统、完善的档案管理制度，确保该制度完全符合档案信息化管理需求，确保档案管理人员日常工作中，能够做到有据可依，有章可循。

（2）为了最大限度地提高卫生院档案管理效率和效果，相关部门要引导档案管理人员更好地明确自身的工作职责，真正地做到分工明确，各尽其责，避免因职责不明确而出现档案管理工作难以有序开展问题。另外，为了提高档案管理信息化平台的运行性能和使用效果，要重视对相关管理制度的维护和完善。同时将不同科室的档案资料统一传输到指定的档案管理信息化平台中，以实现对档案的统一化、集中化、规范化管理。

（3）对档案管理制度进行规范化处理，确保档案管理制度的完善性和系统性，便于档案管理人员能够利用所制定的规章制度，将档案资料录入、档案资料查找等工作落实到位，避免出现因应用不规范导致档案信息丢失、泄漏等现象。此外，还要利用管理软件，使档案信息检索效率和效果得以大幅度提升，从而提高医疗档案资源的共享率和利用率。

3. 对医疗档案管理人员加强培训

为了确保档案管理信息化平台能够可靠、稳定、安全地运行，相关部门要重视对档案管理人员专业技能的有效培训。

检测的相关信息。

（二）检疫档案

检疫档案主要可以分为：检疫报表、产地检疫、经纪人、交易市场、屠宰场和检疫证明。①检疫报表档案。主要记录检疫期间的所有相关报表。②产地检疫档案。主要记录每次开具产地检疫证明存根，外省引入动物的记录及存根。③经纪人档案。主要记录所在乡镇经纪人的相关信息，买卖动物的类型及买卖去向。④交易市场档案。主要记录畜禽交易市场的详细情况，每次检查是否发现问题的记录和资料。⑤屠宰场管理档案。主要记录屠宰场每次屠宰的数量，检查屠宰场记录情况，是否按照标准合法进行屠宰。⑥检疫证明档案。主要记录每次开取检疫证明的详细记录。

（三）生产监督管理档案

屠宰场监督档案：主要记录屠宰场日常屠宰过程中是否按规定进行屠宰，是否有违规屠宰等行为。①规模场监督档案。主要记录基层所有养殖场的检查情况，详细记录养殖场的基本情况和养殖情况。②交易市场监督档案。主要记录本乡镇畜禽交易市场每天的情况，主要检查市场中是否有非法交易行为。③无害化处理监督档案。主要记录病死动物及动物产品等进行无害化处理的情况。④种畜禽监督档案。主要记录种畜禽场的种畜禽去向和品种等，便于以后的查找。⑤饲料生产企业及饲料兽药经营场所监督档案。主要记录饲料生产企业生产饲料的过程是否符合国家规定。经销场所饲料和兽药的来源，是否有违法违规的行为。

（四）畜牧业统计档案

主要记录各乡镇所有畜禽动物的存出栏情况，及上报到县局的相关报表。每年的巡查记录和数据采集情况等。这些档案通常包括以下内容。

第一，动物养殖档案。包括养殖场的基本信息、养殖品种、养殖规模、养殖周期、饲料使用、疫病防治等。

第二，动物销售档案。包括销售时间、销售数量、销售价格、销售对象等。

第三，动物产品质量安全监管档案。包括饲料、兽药等投入品的使用情况、产品质量检测情况等。

第四，动物疫病防控档案。包括疫病发生时间、疫病种类、疫病防控措施等。

第五，畜牧业投入品档案。包括饲料、兽药等投入品的生产、销售和使用情况等。

第六，畜牧业统计报表。包括月度、季度和年度统计报表，反映本地区的畜牧业生产和销售情况。

这些档案对于保障本地区的畜牧业健康发展和动物产品质量安全具有重要意义。乡镇社区动物卫生监督所应当建立完善的畜牧业统计档案管理制度，确保档案的真实性、完整性和可追溯性。同时，应当依法向相关部门报送畜牧业统计数据，接受社会监督。

（五）草原管理档案

乡镇社区动物卫生监督所通常也会负责本地区的草原管理档案。草原管理档案主要包括以下内容。

第一，草原资源档案。记录本地区的草原资源分布、面积、质量、利用情况等信息。

第二，草原生态监测档案。记录本地区的草原生态变化情况，包括植被覆盖率、土壤质量、生物多样性等方面。

第三，草原利用规划档案。制定本地区的草原利用规划，包括草原利用的方式、时间、规模等信息。

第四，草原保护管理档案。记录本地区的草原保护管理措施，包括草原修复、防火、防盗等工作。

第五，草原资源开发利用档案。记录本地区的草原资源开发利用情况，包括草原上的畜牧业、旅游业等产业的发展情况。

第六，草原管理政策法规档案。记录国家和地方出台的有关草原管理的政策法规，以及本地区据此制定的实施细则。

（六）安全生产档案

根据"管生产，管安全"的原则，各乡镇应该管理所在辖区内的所有畜牧相关企业及个人的生产和安全，记录相关企业和个人生产过程中是否存在安全隐患，还要保存基层单位与相关人员签订的责任书。以下是常见的畜牧业安全生产档案的内容：①养殖场安全生产档案。包括养殖场的设施设备安全、用电安全、防火安全等方面。②动物运输安全档案。记录本地区动物运输的情况，包括运输路线、运输工具、运输过程中的安全措施等。③动物产品质量安全档案：记录本地区动物产品的生产、加工、贮存、运输等环节的质量安全监管情况。④畜牧业投入品安全档案。记录本地区畜牧业投入品的使用和管理情况，包括饲料、兽药等投入品的生产、销售和使用等。⑤安全生产检查档案。记录本地区畜牧业安全生产的检查情况，包括检查时间、检查内容、检查结果等。

第六章 乡镇社区档案管理的信息开发与数字化建设

第一节 乡镇社区档案信息开发利用

一、档案开发利用的基本理论

（一）档案开发利用的含义

档案开发利用，是指通过各种科学有效的技术、方法，编研、出版和发布档案信息，为经济社会的发展提供多样化的信息服务，满足各种信息利用需求，充分实现档案价值的工作。在档案部门的工作实践中，档案开发工作与档案利用工作有着密切的联系。开发是为了利用，利用者的利用要求可以反过来指导开发，离开了利用，开发就失去了实现价值的途径。所以，我们应将档案开发和利用作为一个整体来看待，系统地理解其含义。

第一，开发与利用都是为了发挥档案信息资源的作用，实现档案的使用价值，为社会创造财富。档案开发通过对档案信息资源进行多层次的加工、整序，方便利用者利用，从而更好地实现档案的价值和作用。同样，利用服务工作是档案保管部门通过一定的方式方法，直接将档案信息传递出去，从而达到为社会各项事业服务的目的。服务思想是两者的指导思想，同时两者都需要将用户需求摆在第一位。

第二，开发与利用都以现代信息技术为支撑。随着人类步入信息化时代，现代信息技术迅速渗透到各个领域，也改变了人类的生活习惯，包括获取信息的方式。先进的信息技术不仅可以提高档案信息资源开发的效率，而且加快了档案信息资源开发成果的更新换代。网络环境下档案信息资源的开发成为目前档案机构开发的热点与重要任务。网络的出现激发对各种网络目录（机读目录）的需求，机读目录的出现极大地提高各种专题目录、综述、述评或预测类信息产品的开发速度。

利用现代信息技术优化档案信息资源利用服务成为各档案机构的共识。目前各档案网站的建设、网络检索服务以及网络咨询服务都极大提高用户获取档案信息资源的速度和效率。

第三，开发与利用在信息资源管理过程中是相互衔接、相互促进的两个环节。开发是在档案信息资源的基础上进行的深层次的加工活动，具有高层次性。

开发具有前导性，是为用户服务的一种准备性工作；开发具有智能性，开发过程中需要投入大量的脑力劳动；开发具有规模性，开发以反映一个国家、一个地区或一个组织的档案信息资源为对象进行的系统性、全面性活动。开发为优化利用服务作准备，最终通过利用服务活动将信息产品提供给用户使用。同时，利用者的反馈信息又可以反过来指导开发，提高产品开发质量。

（二）档案开发利用的意义

档案作为各项历史活动记录，真实记录一个国家、一个民族、一个地区的历史进程和所取得的伟大成就，记录改革开放以来建设中国特色社会主义事业取得的丰硕成果，是经济社会全面发展的重要的战略资源。档案开发利用工作，从档案信息资源中挖掘出有价值的信息，可以促进每一位国民都更深刻地了解中华民族的悠久的历史和文化，掌握时代发展的脉搏，从而更加热爱我们伟大的祖国，并为之自豪。

1. 对文化的影响

（1）档案是一种具有开发利用价值的文化资源。档案是文化的一种载体，承载着珍贵的社会记忆和丰富的文化内容，属于文化资源范畴，具有重要的文化价值，在民族文化传承中处于基础地位，起着文化凭证、文化媒介以及文化教育作用。档案文化资源具有多维性、原生性与相对真实性的特点，具体体现在以下方面。

第一，档案文化资源多维性是指档案是一种复合型文化品，它蕴含了多维的文化内容。

第二，档案文化资源的原生性是指档案是一种初级文化品，是文化内容最基本的物化形态。与图书不同，档案是一种社会信息源，而图书则充当信息与文化的传播工具。

第三，档案文化资源的相对真实性是指档案是一种原始记录，具有一定的凭证价值。原始的笔迹与特殊的载体形式使之具有比其他资料文献记载具有更高的可信度。档案文化资源在文化资源中占有极为特殊的地位，也是文化产品与文化服务创造活动的重要来源，它能够通过与其他生产要素结合，在出版业、影视业、旅游业中转化为巨大的市场价值。

（2）档案开发利用的文化影响力。档案开发利用的文化影响是深远的，档案开发利用促进了我国文化事业的发展。档案编研是现在档案深度开发的一种有效方式，其目的是开发出有利用需求的文化产品。在文化产业蓬勃发展的今天，面对公众文化需求多样化的趋势，档案编研工作，注重对知识的挖掘，创造出有丰富内容、深刻思想的文化作品，对进一步繁荣我国文化事业起到积极的作用。

第一，弘扬民族文化。档案具有原始记录性、真实性和权威性，是民族文化传承和爱国主义教育的最佳素材。在当前的社会历史条件下，档案信息资源在弘扬民族文化方面主要体现在为社会主义精神文明建设服务。档案部门利用丰富的档案馆藏和档案文化资源，将反映我国近现代优秀文化成果的档案资料、我党我军革命斗争的档案史料、社会主义革命和建设辉煌成就等档案资料挖掘整理出来，为社会主义文化教育提供生动的历史教材，建立爱国主义教育基地，不定期开展以民族精神和时代精神为主题的爱国主义教育活动，这样不仅能陶冶人们的情操、净化人们的心灵、培养树立正确的价值观念，而且能增强人们的民族自豪感和责任感、激发民族自信心。

第二，繁荣地方社会文化。档案信息资源的开发利用能够促进社会文化的发展。挖掘档案信息资源的社会教育功能，开展宣传教育、传承社会文明，也逐渐成为档案信息资源开发利用的重要方面。各地档案部门在档案资源开发利用中形成了具有地域特色、馆藏特色和专业特色的档案编研格局，为地方和行业的文化建设发挥了独特作用。

社会档案意识作为社会文化重要的组成部分，档案部门可以借助档案信息资源开发利用工作提高公众的档案意识，让公众在利用档案的过程中，深化对档案工作和档案部门的认识，加强对档案的重视程度。同样，社会档案意识的提高，也能够促进档案信息资源开发利用工作不断进展。

档案开发利用对社会发展有着重要的现实意义。档案是重要的文化载体，其本身就是一种文化资源，而档案开发工作的最终目的就是要将蕴藏在档案中的文化内涵、文化价值挖掘出来，档案利用工作则是将这些具有文化内涵的信息资源向公众传播，引导其关注和重视，可见这一工作的文化意义。中国历史悠久、幅员辽阔，人文档案资源丰富，并具有明显的区域文化特征，收集地方文化特色的档案资料，应成为各地综合档案馆档案资源建设的重要任务，为实现档案文化资源的有效开发利用打下坚实的基础。

2. 对经济社会发展的影响

（1）贡献力。档案信息资源在政治、经济、社会、科技、文化诸多领域对国家经济社会发展具有如下独特的贡献力。

第一，档案信息资源可以证明历史和文化。档案可以证明一个民族的历史和文化，一个国家的主权、领土和各种利益，这对于一个民族历史文明的延续、一个主权国家利益的维护是十分重要的。

档案信息资源内容之丰富、信息量之巨大是其他文献资料无法比拟的，它较完整地反映事物的发展、演变过程，以及事物的源流本末与具体细节，能全面、系统地反映历史的全貌，这是档案信息的特殊价值。我们生活在信息社会中，档案信息资源是人类文明发展的产物，并随着人类文明的进步而不断丰富与发展，它承担着记录与流传人类社会经验与知识的历史使命，人类文明进步到什么程度，档案信息资源就会相伴共生、丰富发展到什么程度。

第二，档案信息资源可以参与和拉动经济发展。档案信息资源可以参与和拉动经济发展。①作为管理要素参与管理活动，可有效提高经济管理、生产管理的水平，如通过利用档案而降低技术开发、生产设计、生产过程的成本，引导物流、资金流和人力资源的合理流动；②作为生产要素进入非物质生产的产品化和产业化的过程，获取经济收益。

第三，档案信息资源可以对社会进步发挥推动和保障作用。文件、档案等政府信息的公开可以提高决策的科学化和透明化，为公众参与国家和社会的民主管理提供条件；档案信息资源的科学管理和合理利用有利于促进社会走向法治与诚信；档案在维护社会组织和公民个人的权益，保障社会公正与和谐发展方面有不可替代的重要作用。

第四，档案信息资源可以促进科技创新和文化繁荣。档案的知识属性使之成为知识创新和科技创新的必要条件；档案的文化属性使之可以满足人们查证历史、寻根溯源、了解社会活动真实面貌等方面的文化需求；档案信息资源在传承民族文化和地域文化、弘扬民族精神、保持世界文化多样性方面具有重要的作用。

（2）档案开发利用对经济社会发展的影响。衡量人类社会是否在正常运行与顺利发展的主要标志之一，在于是否拥有并善于利用档案信息资源，这已经成为制约其竞争力的重要因素。这些档案资源只有开发利用起来，才能促进经济的增长和国家职能的转变，才能满足人民的物质文化需求，发挥它们应有的价值。

档案信息资源开发利用能够提高经济效益，促进经济社会又好又快发展。众所周知，档案是各行各业生产建设活动的记录，能够为经济建设提供有价值的决策和参考信息，尤其是科技档案信息资源的开发，更能为经济的发展创造价值。

第一，档案对企业权益或资产归属的权威性证明，可以使企业避免不应有的经济损失。通过借鉴参考档案，可以降低资源的消耗，加速技术进步，提高经济效益，大力促进现代企业的可持续发展。

第二，开发利用档案信息资源，能够实现企业科技进步，推动生产力发展。科技活动是一种继承性很强的工作，特别是在企业里设备进行更新、生产工艺进行改进、工程设计进行修改等，都是在原科技成果的基础上进行研究和改进，所以都离不开档案。因此，开发利用档案信息资源，可以帮助企业科技人员继承前人劳动成果，避免许多不必要的重复劳动，加速科技进步进程，推动生产力发展。

第三，开发利用档案信息资源，还有利于促进企业进一步对外开放，加强国际交流。中外企业之间交流合作日益增多，相互对档案的需求也在相对加大。这就要求我们尽快开发利用档案信息资源，以满足对外开放和交流的需要。

（三）档案开发利用的内容

档案开发利用包括档案信息资源的开发和档案利用服务工作两个方面。其中，档案信息资源的开发可细化为档案检索系统的开发和档案编研成品的开发两个主要内容。

1. 档案信息服务

档案信息服务，是指各级各地档案部门根据利用者的需求，通过对其所保管的或可获取的档案文献资料信息进行分析整理后提供相关的信息给利用者利用的过程。这种服务是由并且只能由各地各级档案部门提供，服务的内容也是围绕档案的相关信息展开的，信息具有独一无二的特点，而且真实性不容置疑。

档案利用服务的主体是档案部门及档案人员，档案利用服务的对象是档案信息的所有利用者，档案利用服务的内容不仅包括一般的档案信息，而且包括档案检索服务、档案编研成品的服务等，这是基于档案开发基础之上的。

对于档案利用服务主体而言，面对档案信息服务网络化、数字化的发展趋势，档案信息服务人员不仅需要较高信息处理能力、较强的业务能力，而且要强化主动服务意识，以满足用户需求为目标，加强与用户沟通，做好信息服务工作。

在整个档案利用服务体系中，仅有档案信息服务的主体、对象、内容三要素是不全面的，还应包括档案信息服务过程这一要素。因为服务过程是档案信息服务体系结构中的重中之重，服务过程的质量和效率直接影响整个服务的最终效果，档案信息服务过程的优化将直接决定档案馆信息服务的状况和效益。档案信息服务过程管理包括档案信息服务质量管理、档案信息服务创新管理与档案信息服务效益管理。为做好档案信息服务质量管理，应坚持用户至上、员工参与和接受教育三个基本原则，以便在对过程和系统进行持续改进和创新的过程中统一目标。为实现档案信息服务创新管理，档案部门应该对内部发挥创造力的促进因素和阻碍因素进行深入分析和研究，鼓励每一位工作人员都能够充分发挥自己的聪明才智和创造力。档案信息服务效益管理主要是指为使档案信息服务取得最佳的社会效益和经济效益，对系统中的服务对象、服务者、服务内容和服务方式以及手段等要素进行最佳匹配和协调管理。

可见，档案开发利用是对档案所承载的信息资源加工、输出、接收与运用的过程，以实现档案信息对国家、社会组织及个人的有用性，从而实现其对经济社会发展的推动作用，创造更多的经济和社会效益。

2. 档案编研成品的开发

档案编研是档案工作一项重要的业务环节，也是档案深度开发的一种有效方式。档案编研成品，就是档案部门根据需要开发档案信息而形成的系统的、类型和结构不同的二次或三次档案信息成果。

档案编研成品的开发要遵循着一定的原则进行，必须严格经过选题、拟制编研方案、收全选准材料、加工与编排、审校与批准等一系列程序，要控制档案信息，提高档案信息质量，这需要具有较高的专业技术水平。现在档案编研成品的开发更多借助于多媒体技术来进行，采取文字、声音、影像、图片等多种形式并用，使得编研成品能够达到较强的感官冲击，吸引更多的利用者，收到良好的艺术效果。

3. 档案检索系统的开发

信息检索是信息服务的一种重要手段。为使用户更加方便快捷地获取所需要档案信息，就应为其提供方便的检索工具和方法，所以功能强大的档案检索系统成为当前档案信息开发的主要对象之一。如目录数据库的建设，能够提供多种途径的档案信息检索，用户可以视个人需要，或系统浏览档案目录，或按主题、时间、档号等特征进行目录查询。再如信息导航功能的开发，信息导航依附于强大的专业化的数据库信息基础之上，提供网络查询，以及各种各样的进馆查询，使用户能够清楚地知道自己所在的位置并回归已访问的信息网页。

（四）档案开发利用的要素

1. 档案用户

用户是档案信息及其服务的使用者。用户作为档案信息开发服务的对象始终处于中心位置，作为资源组织与服务环境，档案用户的基本状况和要求不仅决定了档案信息资源开发的方式和信息服务的内容，而且决定了档案信息开发服务工作的机制和模式。在局部上，某一部门的档案用户需求决定了该部门档案信息开发与服务的内容。整体上，一个国家各种类型和层次的档案用户及其信息利用需求，在全局上决定了整个国家档案信息开发服务业的总体规模、原则和要求。

2. 档案开发的机构

开发档案信息资源是由不同类型的档案机构承担的，其编制各种档案信息检索工具、编纂公布不同种类的档案、提供各种编研成品、提供深层次的档案信息服务。档案机构类型众多，有档案馆、档案室、文件中心以及档案寄存中心等，各档案机构由于性质不同，档案信息资源开发的任务以及服务的范围也有所区别。总体上而言，档案馆、档案室承担着档案信息资源开发的责任和义务，文件中心以及档案寄存中心则主要负责管理档案，基本不负责开发档案信息资源，而档案室主要负责向本组织提供相应的档案信息服务。

当然，档案机构中从事具体档案开发工作就是档案人员了，他们的思想观念和业务素质直接影响着档案开发的质量。档案馆因时代背景的转换，在传统实体档案馆仍占主体地位的情况下，一些新型的档案馆，如数字档案馆开始出现，这使得档案馆的功能得到进一步延伸和深化。

3. 档案信息资源

档案信息资源，是指档案信息活动中各种要素的总称，以档案信息本体为主要内容，涉及档案信息相关的各种技术、设备、资金等要素。作为档案开发利用客体的档案信息资源，来源于社会经济发展的各个层面，种类多样，呈现出多维的价值形态，为信息资源开发利用工作打下坚实的基础。

丰富的档案信息资源，有利于提高档案开发利用的效率。为此，各级档案部门大力开展了丰富馆藏活动，在充实档案馆藏工作中，档案信息资源的系统性、连贯性应引起重视，在征集范围上应改变以往只注重党政机关文书档案的单一性，力求扩大到社会各个方面，多征集反映经济建设、科学研究、文化事业等方面的档案和企业生产经营管理方面的档案，以及民众所需要的事关人生、家世、家庭、家族的档案，个人学历和履历、城市历史的人物和事件、地方历史风貌、社会重大事件方面的档案资源等。为实现档案信息资源更大程度的共享和开发利用，在充实馆藏的同时，档案数字化要稳步推进。

4. 档案开发利用方式和环境

档案的开发利用需要明确开发利用的主体和客体，更需要通过一定的途径并运用恰当的方法来实现。只有方法得当、途径正确，档案的开发利用才能事半功倍。

随着社会信息化程度的普遍提高，人们对信息的需求也发生了全方位变化，在利用档案时，不仅要求提供原始信息，而且要求提供经过分析、预测的综合信息，尤其需要与经济社会发展密切相关的经济、科技信息。这种形势下，除编研、借阅、展览等传统的档案开发利用方式要继续保持以外，更要充分利用现代信息网络技术进行创新，如档案编研方法的技术创新、档案信息的网络化服务等，以便为经济社会发展提供更准确、更有效的服务。

档案开发利用环境，主要是指国家的政治、经济、文化、科技等方面的发展会间接影响到档案信息资源开发利用。良好的政治环境有利于产生开放和开发档案的方针、政策；档案开发利用政策也影响着政治环境，如档案开放、公布制度的实施，配合了政府信息公开，维护了公民的知情权，从而推动了政治民主化进程。包括经济制度、生产力水平、经济发展规模和产业结构等在内的经济因素，很大程度上决定着档案开发利用工作的规模、速度、水平和效益。

档案开发利用是服务性的科学劳动，需要大量经费投入，档案工作者主体因素不变的情况下，经济越发达、投入的经费越多，开发利用工作就发展得越快。而档案部门只有做好开发利用工作，产生一定规模的经济和社会效益，切实助推经济社会发展，才能得到认可，获得更多的经费支持。文化事业的发展也对档案资源有必然的利用需求。档案真实记载了人类科学进步、经济建设、文化发展、社会生活等各个领域的情况，是科学文化知识的重要储备形式。这一属性决定了档案信息资源开发利用工作与文化环境密不可分、相辅相成。科技进步与档案资源开发利用互为影响。现代科技加快了档案信息化建设进程，提高了档案部门深入开发档案资源的能力。同时，档案资源中蕴含着丰富的科技信息，运用先进技术对其深层次发掘并服务于科技工作，既充分实现了档案自身价值，也有力推动了科技进步。

二、乡镇社区档案信息开发利用的措施

（一）明确管理权责，彰显公信力

1. 厘清乡镇社区档案工作的权属划分

（1）定位乡镇社区档案工作的目标。加强乡镇社区档案工作，推进乡镇社区档案工作法治化、规范化、科学化而制定，同时也明确了乡镇社区档案工作在推进乡镇治理体系和治理能力现代化建设中具有重要作用。表明乡镇社区档案工作是档案工作的重要组成部分，是档案管理中最基层、最基础、最基本的工作，对于国家档案事业高质量发展和档案治理体系和治理能力现代化建设具有重要意义。

（2）规定乡镇社区档案工作归属责任。将档案工作纳入发展规划、领导目标管理责任制、乡镇各部门机构职责范围。这有利于乡镇党委和档案部门真正做到档案工作统筹规划，更加便捷、高效地对档案工作进行组织、监管与指导，同时也有利于乡镇机关对档案管理基础设施、人才以及经费的调度与支配，做到兼顾档案管理的独特性。

（3）强调乡镇社区档案管理原则。强调上级档案主管部门对乡镇社区档案工作进行监督和指导，要求乡镇社区档案工作实行统一领导，科学管理原则，同时也规定县级以上地方档案主管部门协调有关部门对乡镇社区档案给予支持。这样既能有效确保乡镇社区档案部门高质量管理守护本机关档案，提升机关工作效率，又可打破乡镇社区档案"部门墙"与条款分割的现象，促进乡镇社区档案工作共建共享，实现档案资源利用最大化。

2. 明晰乡镇社区档案部门的职责

（1）建立档案工作协调机制。建立乡镇社区档案工作协调机制，其规定要明确乡镇分管档案工作的领导，确定乡镇社区档案机构或岗位主管档案工作。这样既有利于乡镇社区档案工作实现统一领导、科学管理，又能促进乡镇社区档案形成纵横交错的协调网络，便于乡镇各机关和部门协同合作。

（2）规定乡镇社区档案部门的职责。乡镇社区档案部门要做到宣传档案法治、健全档案规章制度、指导和监督乡镇机关文件移交归档、开发档案信息资源、推进乡镇社区档案信息化建设、指导和监督乡镇组织和村级组织的档案工作、维护档案安全。这些职责的确定使得乡镇社区档案管理趋向标准化与规范化，有效避免了各乡镇机关职责上的差异导致档案工作的不同。同时，使得乡镇社区档案部门在管理上达成共识，实现统一领导，一定程度上促进乡镇社区档案部门的交流。

3. 规定乡镇社区档案人员的职业操守

（1）乡镇社区档案人员应政治可靠，忠于职守，同时也要求档案人员具备知识与技能，并且保持相对稳定。这不仅有利于对档案人员职业道德素养的培育，同时也有助于乡镇社区档案工作专业性与稳定性，使得乡镇社区档案工作长期有效高质量发展。此外，要求档案人员调离岗位或退休的，应当在离岗前办好交接手续，保障了乡镇社区档案工作连续性，有利于乡镇社区档案真实、完整、可靠。

（2）设立档案专人专岗。乡镇组织应当指定人员负责档案工作，探索建立"专人、专档、专柜"制度，强基固本维护乡镇社区档案完整安全，便于社会各方面利用具有指引作用。

4. 加大宣传力度，提高大众认知

乡镇社区档案工作的目的就是为乡镇经济和社会发展服好务。各级档案管理部门要把对基层档案开发利用的宣传工作作为一项长期任务，通过网络、电视、广播、公众开放日等渠道向大众进行大力宣传，提高乡镇社区档案开发利用的公众知晓率，引导社会大众合法、合理地利用乡镇社区档案资源。

（二）加强收集工作，丰富室藏资源

乡镇社区档案室的档案除了收集文书材料外，可以把会计档案、基建档案、科技档案、民生档案、声像档案以及实物档案实行集中统一管理，建立乡镇综合档案管理中心。

在收集材料内容上，要将与乡镇群众切身利益有关的内容纳入收集范围中，归档的材料不仅具有现行查考价值，而且还要有长远利用价值和历史研究价值，要以乡镇群众为中心进行收集。同时，还要根据社会发展，不断优化进室档案的内容，不断丰富室藏资源，提高信息价值，才能更有效地为利用者提供服务。

（三）加大投入资金，创新服务手段，改变档案管理模式

乡镇社区政府一定要加大对档案工作的投入和重视，根据实际需求每年年初设立财政预算，为档案工作提供必要的资金保障。同时，上级政府机关要适当增加财政投入，尤其

要对基层乡镇社区档案工作适当进行资金支持和补助，确保乡镇社区档案工作向前发展。资金有了保障，就要不断创新技术手段。

建立乡镇社区数字化档案室，充分利用计算机、复印机、扫描仪等现代化办公用品，对室藏档案资料进行全文数字化处理和管理，实现档案查阅、利用的电子化、信息化和网络化。同时，对于涉及乡镇群众切身利益且可以公开的档案资料，可以通过网络数字档案中心，通过无线网络实现档案信息的远距离传输。借阅者通过身份注册后就可以在网上查阅自己所需的档案资料，档案管理人员在网上进行审核把关，符合要求的给予通过，利用者就可以通过电脑及时阅览档案全文，为乡镇群众查阅档案提供了极大的便利。

（四）加强专职队伍建设，增强服务意识

稳定乡镇社区档案队伍，变兼职为专职，让档案人员潜心档案工作。给乡镇社区档案人员提供外出培训交流机会，提高业务素质，有针对性地加强培训和指导。

增强主动服务意识，提高档案编研质量。乡镇社区档案人员要树立主动服务的意识，积极主动熟悉室藏档案，善于总结分析，重点围绕档案社会效益、经济效益及民生问题上下功夫，并以此作为档案开发利用的突破口，最大限度地发挥档案的价值和作用。此外，基层乡镇社区档案人员要有超前意识，要积极了解利用者的需求，提前对室藏的档案资料信息进行深度挖掘和汇编，以便更好服务群众。

（五）明细条款，强化实操性

1. 档案库房管理全面化

按照档案载体类型分别或者分区设置档案库房，根据档案存放年限规划库房面积。库房建址安全合理，远离灾害频发与易燃易爆场所。配备保障档案安全的设施设备，确保档案库房内做到"八防"①。

按照国家规定配备档案柜架、档案盒等装具，确保密集架符合相关标准。定期检查档案设施设备运行等。档案库房管理全面化的规定，为乡镇社区档案人员开展档案馆守护工作提供了实际依据，并将设施设备纳入办法中，体现了乡镇社区档案工作的全面性发展理念。此外，乡镇机关在日后的工作中应注重档案库房的合理化建设，以便推动乡镇社区档案管理现代化进程，确保档案的真实、可靠、安全，进一步优化乡镇社区档案工作流程。

2. 文件材料归档程序规范化

乡镇文件材料归档的记录载体和方式、责任单位、归档手续等。具体包括：①乡镇文

---

① 档案库房的"八防"要求是：防盗、防光、防高温、防火、防潮、防尘、防鼠、防虫。

件归档记录材料与记录方式采用耐久、可靠、可长期保存。②乡镇机关文件由机关各部门归档，乡镇组织文件由各单位归档。③原件归档，交接双方履行交接手续，清点核对交接目录。乡镇文件材料的归档是一项审慎性与专业性相结合的工作。

乡镇文件材料的归档程序的细化，有利于文件材料归档工作按程序办理，避免乡镇社区基层单位文件材料归档的随意性；归档交接双方清点核对交接目录，有利于乡镇社区档案部门日后的精准问责及溯源。乡镇文件材料归档高质量规范化开展，对优化乡镇社区档案馆藏，提升馆藏资源价值具有重要推动作用。

3. 材料范围与保管期限具体化

归档文件范围和档案保管期限提出了全面具体化要求，使得文件归档与保管期限更加详尽，更加科学化。归档文件按照文书类（党群工作、行政综合、司法综治民政、城乡建设及自然资源交通、财政经济农业、科教文卫）、科技类（基建、科研、设备仪器）、会计类、声像类、实物类等按照规章和标准分别整理。专项工作形成的文件和电子文件按照相关规定进行整理。文件材料归档范围和档案保管期限分类具体化，具体参照附件乡镇文件材料归档范围和档案保管期限表。

文书类、科技类、会计类、声像照片类文件材料归档时间要求具体，主张采用办公自动化或其他系统，随办随归。这些规定一方面明确了乡镇文件归档的范围，为机关文件归档提供实践操作依据，为档案资源的保护提供更加有力的保障，而将专项工作文件和电子文件纳入归档范畴，体现了乡镇社区档案工作全面协调发展理念。另一方面，归档范围和档案保管期限的细化明确，为乡镇社区档案保管提供了科学基础，乡镇机关部门可以结合实际情况形成乡镇社区档案归档和保管体系，提升乡镇社区档案工作效能。

（六）与时俱进，推进信息化

1. 注重推进乡镇数字档案建设

注重推进乡镇数字档案馆（室）建设。推进乡镇数字档案室、数字档案馆建设。注重统筹推进数字档案资源建设。乡镇要有序开展传统载体档案数字化，还提出乡镇社区档案主管部门要加强档案数字资源建设。此外，还要求县级档案馆为乡镇数字档案资源备份提供便利。乡镇社区档案部门将进行档案馆（室）数字建设，着力扩大和更新数字资源存储设备，不断推进档案数字转型，丰富数字档案馆藏，完善数字资源异地异质保存，确保数字档案资源的安全和真实。

2. 强调乡镇电子档案管理

随着电子政务的深入推进，电子档案逐步成为档案的重要组成部分。当前，电子档案与传统档案具有同等效力的法律地位，明确乡镇社区档案机关应将电子档案纳入管理范畴。使用电子档案管理信息系统，开展电子文件归档和电子档案管理工作。

加强电子档案和档案数字化成果管理，有条件地区统一部署电子档案管理信息系统等。从制度层面将电子档案纳入了乡镇社区档案主管部门管理范畴，有利于乡镇社区档案与时俱进，更加注重电子档案的前端管理、后端追踪以及全过程管理；有利于电子档案发挥原始凭证价值，扩大乡镇社区档案管理范畴，更好地面向时代要求和发展趋势；有利于乡镇社区档案人员提升专业技能和素质，加大安全防护建设，逐步实现电子档案跨区域跨部门利用。

3. 重视乡镇社区档案数字化转型和应急监管

在立足于当前社会基本矛盾、基本国情和基本经济制度的前提下，以超前的眼光和前瞻性的思维，为乡镇社区档案工作明确了未来的发展方向。明确提出要建设乡镇社区档案电子信息系统，对乡镇电子档案管理进行了规定。同时，面对现今处于由纸质化向数字化跨越的转型期，强调要推进乡镇社区档案信息化建设，以一个章节的明确规定，为乡镇社区档案加速数字化转型提供法规支撑，也为乡镇电子档案的"单套制"提供了支撑。

开展定期的档案安全风险隐患排查整治，制订档案管理应急预案规划，强有力地保障了乡镇社区档案应急预警预报的运行，促进乡镇社区档案工作的日常监管。

4. 重视乡镇社区档案长期建设

档案安全是档案事业发展的底线，对档案安全作出长远规定。不仅要求档案库房不得毗邻可能危及档案安全的用房，配备档案安全所需相关设备，更要求建立健全档案安全工作机制，明确档案安全责任。同时，档案信息化、档案数字转型、档案监管等规定最终目的也是为了维护乡镇社区档案资源的完整与长期安全保存。

彻底解决乡镇社区档案工作人员实际问题，要求乡镇社区档案工作人员政治可靠，忠于职守，并要求具备所需专业知识和技能，体现了对乡镇社区档案工作人员的重视和履职要求，有利于培养专业化的乡镇社区档案组织力量，提升档案专业化水平。

重视档案法律责任强调档案主管部门、乡镇机关、乡镇社区档案部门、乡镇社区档案人员的权利和职责，不仅考虑到了乡镇社区档案工作的协调运转，也考虑到了与档案法律相衔接，重视法律责任，强化未来乡镇社区档案工作档案违法处罚，以保障合法权益。同时，也有利于预见未来乡镇社区档案工作的服务利用提供方向。

（七）协调发展

乡镇对已达到保管期限的档案进行鉴定，经鉴定确无保存价值的档案应当按照规定予以销毁，鉴定报告和销毁清册永久保存。同时也提出了鉴定工作由分管档案工作负责人、档案人员和主管部门人员组成鉴定小组。明确了档案鉴定销毁的参与人员、销毁程序与销毁登记册，这有利于协调乡镇机关档案鉴定与销毁，避免出现实践上的冲突和摩擦。

乡镇社区档案工作要严格遵循档案管理的原则与要求，由乡镇社区档案部门集中统一管理。本着服务性的基本特征，档案馆应当创新服务，强化服务功能，提高服务水平，积极为档案的利用创造条件，简化手续，提供便利。乡镇社区档案部门应当编制多种检索工具，开展档案资源开发利用工作。有效促进乡镇社区档案信息资源的深度开发并使之主动提供利用。乡镇社区档案部门应当按照规定向县级综合档案馆移交乡镇机关档案等。依据有代表性的档案管理法律法规来制订准则，保障乡镇社区档案工作的统筹协调，为推进乡镇社区档案工作高质量发展提供动力。

第二节　乡镇社区档案数字化管理

一、档案数字化概述

档案数字化是数字档案建设最基础的工作，传统载体的档案经高科技技术加工成数字档案形式，通过局域网、政务网、互联网进行计算机检索、阅读。

（一）档案数字化的重要性

档案数字化的重要性主要表现在以下几个方面。

第一，有助于促进社会的文化繁荣。档案数字化为实现社会共享档案馆所保存的丰富的档案资源创造了条件，提供了更多的可能性。档案馆以其独特的具有重要价值的信息资源主动服务于民，就有可能为自身的发展开辟更加广阔的前景。数字化的档案资源，快捷的网络系统拓展了档案馆的文化空间，同时档案信息资源的利用具有互动性、亲和性等特点，从而使作为公益性文化事业有机组成部分的档案具有全民性和健康文化的导向性。它的存在和发展对于满足人民日益增长的物质文化生活的需要、繁荣社会文化具有积极的促进作用。

第二，有助于提高档案机构的工作效率。随着时间的推移，传统纸质档案容易受潮和变质，在传送和利用的过程中，还可能破损或丢失，对于这类档案的修复和补救工作也较为困难。档案数字化可以解决上述问题，采用数字化手段，能够有效提高工作效率，减少繁重的手工劳动。计算机网络的存储为档案信息保存的持久性提供了保障，也使得信息保存不再受时间的限制。

第三，有助于保障管理的安全性和保密性。对于国家和社会的发展来说，档案是重要的信息资源，直接影响社会的进步与发展。档案一旦发生丢失或破坏，往往会造成无法挽回的损失。采用数字化管理手段，能够有效地加强信息的安全性以及保密性，可以随时随地进行信息的检查，确保信息的安全。

第四，有助于实现资源的高度共享。在档案数字化条件下，通过扫描、转化等技术手段将纸质文件、照片、音频等各种载体的原始档案资料转化为电子资源，同时建立档案管理数据库，统一进行保存、管理，并将其纳入档案机构局域网的建设中，结合办公自动化系统，建立文档一体化管理体系和授权查阅机制，让档案管理人员结合自身的管理职责及各自的权限设置在档案管理系统中申请查阅所需的资料，从而达到简化工作流程、实现档案管理使用一体化的目的。同时，各档案管理机构还可以通过共享平台来完善现有的档案资料，提高资源的完整性，实现资源的高度共享。

（二）档案数字化原则

档案数字化是档案信息资源建设的一项基础性工作，实现馆（室）藏档案数字化全覆盖是档案数字化工作的最终目标。档案数字化时，应遵循下列原则。

第一，计划原则。要以全部馆藏为目标，编制馆藏档案数字化工作方案，根据规模、数量、人员、资金和本单位档案信息化的推进要求，对传统载体档案有计划地逐步数字化，最终实现档案资源全部数字化的目标。

第二，全宗原则。"全宗原则"就是在档案数字化的过程中必须尊重历史上形成的档案整体——全宗。在具体数字化实施工作中，将每个全宗的档案视作一个整体，逐一进行数字化，确保同一来源档案信息的关联性、完整性，便于建立起相互联系的信息资源体系。

第三，利用原则。实现档案信息资源的社会共享最大化是档案数字化工作的根本目的，因此档案数字化工作应以满足未来利用需求为导向，遵循便于利用、尊重利用的原则。要本着利用优先原则，选择利用频率高的、与民生息息相关的档案分批逐步进行馆藏档案数字化。在制定数字档案标准时，应充分考虑资源共享与利用的需要，规范数据格式，以利于数字档案资源在信息社会的传播与利用。

第四，保护原则。以保护、抢救档案为目的，将损坏严重的档案优先数字化，使馆藏档案记录的信息不会因为载体的损坏而消失，确保档案信息安全与完整；同时，将数字化后的档案信息用于提供利用，有效减少档案原件在利用过程中的各种损害，对档案原件起到保护的作用。抢救即将形成时间久远、质地脆弱，甚至已经破损的档案作为数字化转换优先考虑的对象。档案原件的损毁，意味着历史记忆的缺失，因此从保存原件原貌的角度出发，对濒危的、有保存价值的档案及时进行抢救性的数字化处理是必要的，也是符合档案工作特性和规律的。

第五，安全原则。要确保档案数字化后档案信息的安全性保管，以档案信息备份为手段，对传统载体档案数字化后的档案信息，进行备份保存，确保档案记载信息的内容存在于安全环境下。同时，要确保档案数字化过程的数据与实体安全。

（三）档案数字化的流程

档案数字化流程是档案数字化工作过程中各个环节的次序或顺序的布置和安排。档案数字化工作环节多，环环相扣，劳动密集，工作内容复杂，涉及方方面面，为确保在数字化工作过程中档案及其数据的安全、有序，因地制宜地制定合理的流程是档案数字化工作的关键。档案数字化基本流程具备以下环节。

1. 档案准备

档案准备包括调卷、档案数量清点、登记和交接。档案准备的调档交接，是档案数字化工作的开始，需详细准确；交接的档案数量清点，需要具体统计到盒（册）、卷、件、页及相关附件，对要数字化的档案应分阶段分步骤进行交接。档案保管部门与承包数字化部门应有专人负责调卷和接收工作，每次调取的档案数量应按照先前的工作计划和进程控制，双方交接人员应该现场填写交接清单，交接单中应写清档案文件的名称、数量、页数、接收人姓名、接收日期等内容，双方签字确认。

2. 档案扫描前处理

档案扫描前处理是将档案检查调整到可以进行扫描状态的过程。包括整理目录、拆卷、页码顺序检查、纸张检查、纸张整平等流程。

（1）整理目录。若无目录，需要著录目录；若目录有误，需要修改目录。目录正确之后，由数字化公司进行审查，审查不合格将打回上一环节重复进行，审查合格后再由目录审查小组再次核查，合格之后方可进入下一个拆卷及检查、修、整纸张的环节。整理及检查目录、页码包括：卷内文件目录题名是否准确、规范；卷内文件页码编写是否正确、是否有重复文件。

（2）对页码有误的重新编页，对卷内文件目录题名错误的予以更正，对目录与卷内文件页码不一致予以更正，并修正目录数据。拆卷后，要进行纸张的检查和纸张整平。卷内文件页面需要修整的整平、修补，对有空洞、残缺或折叠磨损的部位进行修裱，以稳定、恢复出现蜕变、扩散的档案字迹；缺少卷内备考表的要给予增添，并记录下检视修正内容。拆除案卷装订，标出不需要扫描的文件（如重份文件）；填写档案数字化工作单，装入待扫描档案盒，准备移交扫描工序。

3. 档案扫描

档案扫描是纸质档案数字化的一个主要工序，是档案数字化的中心环节，直接关系着档案数字化的质量。为保证扫描的效果和效率，根据档案状况与利用要求确定扫描方式、色彩模式与分辨率，在不损害档案原件纸张的前提下，确保档案扫描图像的质量。

4. 图像检查与处理

图像处理是对扫描获得的档案文件的图像进行修正的过程。包括查看图像清晰度；纠正图像的倒置与歪斜现象；去除漏光造成的黑点、黑边；图像分幅扫描是否正确，并进行正确拼接。

图像文件命名与存储是给扫描获得的图像一个文件名并进行存储的过程。档案目录数据库中的每一份文件，都有一个与之相对应的唯一档号，一般以该档号为这份文件扫描后的图像文件命名。多页文件可采用该档号建立相应文件夹，按页码顺序对图像文件命名。为了便于管理和数据挂接，图像文件命名的档号格式必须与其目录数据库中的档号格式相一致。扫描获得的图像要采用 TIFF（G4）格式或 JPEG 格式，供网络查询的扫描图像，也可存储为 OFD、PDF 或其他格式。同时填写形成相应工作单。

5. 目录与图像关联

目录与图像关联是将扫描获得的档案数字图像通过应用软件，与目录数据进行关联的过程，也称图像挂接。目录与图像关联前，要将每一页（份）档案原件数字化所得的一个或多个图像存储为一份图像文件。将图像文件存储到相应文件夹时，要认真核查每一份图像文件的名称与档案目录数据库中该份文件的档号是否相同，图像文件的页数与档案目录数据库中该份文件的页数是否一致，图像文件的总数与目录数据库中文件的总数是否相同等；并填写形成相应工作单。

6. 目录与原文对应检查

目录与原文对应检查是档案数字化的一个重要工序。它是在目录与原文挂接后，核查目录数据的档号与对应图像数据的档号是否相同，目录数据中的页数与图像文件的页数是否一致，目录数据的数量与图像数据的数量是否一致，目录数据的内容与图像数据的内容是否一致的过程。如不一致，必须重新进行，图像文件命名与存储或目录与图像关联，并重新填写形成相应工作单。

7. 数据验收

数据验收是对数字化后档案数据质量进行检查、评测、验收的一个工作过程。数据验收可以采取分批逐次检测与验收的方式，对验收的内容可采取随机抽样的方式，样本要分布均匀。一般每个批次验收的抽样率不少于 5%，合格率要达到 100%，如有错误要退回数字化部门返工整改。验收合格后应形成验收报告并经相关领导审核签字，同时填写相应工作单备案。

8. 数字化成果存储、备份

数字化成果存储、备份是在档案数字化成果通过验收后对档案数字化的数据储存和备份的过程。验收合格的数据要及时储存和登记，并对储存的数据磁盘做好标记和备份。为保障数据的安全，可采取在线或离线相结合的方式实现多套备份，适时开展异地保存和异质备份，同时建立定期检查的管理机制。

9. 档案原件的装订、还卷

当整个数字化项目验收合格之后，需要对档案原件进行装订恢复。同时，监理公司、档案馆都需要对装订后的档案原件进行检查，检查通过之后还应进行消毒处理，最后将原件完整、安全地归还档案馆。

二、乡镇社区档案数字化管理的优化策略

（一）转变档案数字化管理的理念

传统的纸质档案管理模式需要转变为数字化管理的理念。

第一，改变档案数字化的盲目建设，根据需求来开展工作。档案管理工作是一个长效的机制，并非一朝一夕就能完成的，最重要的是要以提高可使用性为目的，不能当作一个政绩工程来进行。

第二，改变对档案数字化建设的看法，正确地认识档案数字化的重要性与先进性，实行精细化管理，重视后期的维护，力求档案数字化建设达到预期的目的。

第三，加大人力方面的投入，档案管理工作不仅烦琐且费时费力，最重要的是要确保管理人员的稳定性，一旦更换管理人员，许多工作就需要重新开始，对工作效率带来极大的影响。

（二）加强档案数字化管理的理论研究

给予理论研究高度的重视，尤其是理论研究要能够对实际工作带来指导，而并非单纯的"理论"研究。正确认识档案数字化的定义，对其进行理论研究可以建立在传统的理论之上，但是要针对其自身的特点来进行理论体系的建立。

深入研究数字档案管理的理论和实践，了解最新的技术和趋势。这可以通过组织培训、研讨会、学术交流等方式来实现。同时，与其他地区和机构分享经验，学习借鉴他们的成功案例。

(三) 加大档案数字化管理的资金投入

数字化档案管理需要投入一定的资金，包括购买硬件设备、软件系统、培训人员等方面的费用。政府和相关机构需要增加资金投入，确保数字化管理项目能够顺利进行。同时，可以考虑寻求外部资金支持，如申请政府资助或合作伙伴资金。

档案数字化建设在很大程度上会受到资金不足的影响，尤其是对乡镇社区基层单位而言，经费本来就相对紧张，有限的资金首要落实在民生建设方面，在档案数字化建设上投入严重不足。应当建立相应的资金保障体系，划拨专项资金，做好后勤保障，确保档案数字化建设工作的顺利推进。

(四) 完善档案数字化管理的体系

在当今的信息时代，数字化管理体系已经成为各种组织和机构的核心部分。这个体系主要目的是将传统的纸质档案转化为数字格式，以便更容易地分类、存储、检索、共享和保护。

第一，数字化管理体系的核心是将纸质档案转化为数字形式，包括扫描、OCR 技术、高分辨率图像捕捉等。数字化档案不仅便于分类和存储，还降低了对物理空间的依赖。同时，数字化档案更容易备份和恢复，确保信息的持续可用性。

第二，需要建立清晰的分类和索引系统，这可以通过添加元数据和标准化命名约定实现。元数据是关于每个文档的信息，如作者、日期、主题等，使文档更易被检索。标准化命名约定能减少混乱和混淆的可能性。

第三，共享和保护是数字化管理体系的重要部分。现代组织需要确保合适的人方便地访问和共享数字化档案，同时保护敏感信息免受未经授权的访问。访问控制和加密技术可以实现这个目标，只有经过授权的用户才能访问敏感信息，确保安全性。

第四，数字化管理体系需要符合国家和地区的数字化档案管理标准，确保遵守法规，与其他机构进行数据交换时不会出现兼容性问题。与标准一致性有助于建立信任，让外部合作伙伴相信组织的数字化档案是可靠且安全的。

(五) 定期审查、更新与安全维护

定期审查和更新数字化档案管理体系至关重要。这项任务包括评估现有流程和规范的有效性，以及检查技术设备的性能和兼容性。

第一，定期审查可以帮助组织发现并纠正潜在的问题。通过定期评估数字化档案管理流程，可以识别出可能的瓶颈或效率低下的区域，并采取措施进行改进。此外，更新流程和规范以适应新的法规和标准是必要的,以确保组织的合规性。

第二,技术设备的更新也是数字化档案管理的关键方面。随着技术的不断发展,新的硬件和软件工具可能会提供更高效、更安全的数字化档案管理解决方案。因此,组织需要定期评估其技术设备,以确定是否需要进行升级或更换。这有助于确保数字化档案能够在最新的技术环境下运行,提高效率和可靠性。

第三,信息安全在数字化档案管理中占据至关重要的位置。数字化档案中可能包含敏感信息,如个人数据、商业机密等,因此必须建立严格的数据保护和备份机制。这包括采用加密技术,确保只有经授权的人员能够访问敏感信息。此外,定期备份数字化档案是防止数据丢失的关键步骤,以应对潜在的风险和威胁,如数据损坏、恶意攻击或自然灾害。

第三节 乡镇社区档案管理的数字化建设案例与启示

乡村振兴战略的全面深入推进迫切需要高质量的乡村档案工作支撑。围绕乡村档案工作,学界进行了广泛而又深入的研究和探索,并取得一些成果。其中,关于乡村档案信息化的研究成果主要集中于乡村档案信息建设途径研究、乡村档案数字化管理存在的问题及对策等。与此同时,全国一些地方和档案部门也在积极探索乡村档案信息化工作发展的新思路、新举措等。

一、乡镇社区档案管理的数字化建设案例

(一)爱尔兰香农镇照片档案数字化案例

下面以爱尔兰香农镇照片档案数字化项目为例,总结其先进做法和有益经验,以期在我国乡村振兴战略实施过程中主动推进乡村档案工作数字化转型、更好地开发利用乡村档案等提供参考和借鉴。

1. 案例概况

爱尔兰香农镇于20世纪60年代开始开发,以容纳香农工业区和机场的上千名工人,经过几十年建设发展,于1982年1月1日获得城镇地位。香农镇在建设方面取得了大量成就,香农自由贸易区是世界上第一个现代意义上的自由贸易区,也是世界最顶尖的软件科技园区之一。香农开发区跨越爱尔兰中西部五个郡,核心区位于爱尔兰中西部的香农机场,自成立后40多年来,带领中西部从贫穷落后的农业经济走向工业化,再到服务型经济,直至步入知识经济时代,始终走在爱尔兰经济发展的前沿。在此背景下,爱尔兰利默

里克大学将记录香农镇半个多世纪发展、演变的原始照片档案编目、保存、数字化并在全球范围内提供利用,全面展现 20 世纪下半叶爱尔兰香农镇的生活。案例的内容如下。

(1) 项目目标。该项目旨在记录 20 世纪下半叶爱尔兰香农镇由原始的农业基地发展演变为工业基地和旅游中心的发展历程,勾勒香农镇发展建设的美丽图景,助力香农镇推广与宣传,为其他地区乡村档案建设、乡村发展与振兴提供经验,也为其他地区城市规划、政策制定、新城镇设计提供启发与思考。

(2) 项目任务。项目任务包括收集香农镇发展过程中的照片档案、档案资源开发利用和构建乡村记忆共享平台等。该项目借助照片档案的形式、通过数字化方式、借助平台建设和在线开放提供真实、完整、生动的档案,特别是 1959 年至 1998 年间拍摄的各种照片,这些照片直观地记录香农地区的建设历程和发展故事,生动地呈现了发展演变过程中的城市面貌和记忆。

(3) 项目要求。香农镇照片档案是城镇发展记忆的真实写照,是香农地区从贫穷落后走向经济发展前沿的重要历史见证,也是世界人民了解香农镇历史文化的重要媒介和窗口。该项目要求保护香农镇文化遗产和档案资源,确保照片档案长期高质量保存利用。在此基础上,充分发挥照片档案的历史、文化、艺术等多重价值,扩大档案资源利用范围,提高香农镇的知名度和影响力。

(4) 记录项目过程。该项目分为统筹规划、资源整合、整体保护、开发利用四个阶段。对该项目进行合理的统筹规划,之后开展爱尔兰香农地区照片档案的收集工作。项目中所用的照片档案大部分是香农发展摄影档案馆馆藏档案,还有一小部分照片档案由当地持有者积极提供。同时,与慈善机构等组织密切合作,利默里克大学获得了充足的资金支持。

(5) 项目效果。爱尔兰香农镇照片档案数字化项目取得了很好的效果。①该举措使香农镇发展过程中城镇记忆永久留存的同时也有效保护了相关档案资源,防止珍贵档案资源流失,妥善保管了易损的照片档案。②基于香农镇作为爱尔兰战后新城镇发展的独特性和巨大成就,将这些照片档案在全球范围内开发利用,重现了香农镇由贫穷落后走向爱尔兰经济发展前沿的历史发展全程。借助这些真实可信、生动形象的照片档案,通过档案数字化真实地反映香农镇当时的发展情况,让世界人民了解其发展过程和城市面貌,提高了档案资源的利用效率,拓宽了其利用该举措广度。③该举措满足了档案资源宣传推广需要。通过平台建设和在线开放利用,助力香农镇推广与宣传,帮助城市建设者借鉴香农镇过去的发展思路,指导新城镇的建设与规划。

2. 案例特色

爱尔兰香农镇照片档案数字化项目基于乡村档案构建乡村记忆,地方特色显著。根据项目的地方实际情况和客观条件，下面从政策、机制、资源、利用等层面分析其特色。

（1）政策层：政策保障，乡村发展主题鲜明。爱尔兰作为欧盟成员国之一，投资大量资金用于发展小城镇、乡村和农村地区，并鼓励城市人口向乡村转移，积极参与农村地区数字化转型。该项目围绕20世纪下半叶香农地区的照片档案展开，系统地将收集到的摄影作品进行编目、数字化并提供利用，通过平台建设和在线开放，全面、真实、客观地向全球展示香农镇跨越50多年从大型农业基地到领先的工业基地和旅游中心的演变历程。该项目有助于香农镇的推广与宣传，促进了香农镇的发展。

（2）协作层：协同合作，守护乡镇发展记忆。①该项目共获得全球慈善基金会维康信托基金会的欧元资助。②项目由英格兰、威尔士、爱尔兰的新城镇合作开展，充分利用档案服务网络以编目、保存11个战后新城镇的乡村档案并将其数字化后提供利用。该项目属于英格兰、威尔士、爱尔兰新城镇合作项目的一部分，可以吸取其他城镇项目的有益经验，并与其他城镇进行联动，有效地提高了项目的知名度和影响力。

（3）资源层：挖掘本土档案资源，描绘乡镇发展面貌。该项目充分挖掘本土档案资源。一张照片承载了一份记忆，记录特定历史时期的城市面貌，照片档案记录20世纪下半叶香农地区的发展历程，真实、生动且客观地展现了发展演变过程中的城市面貌和记忆，在描绘乡镇发展面貌过程中起到不可或缺的作用。

（4）利用层：档案数字化，构建乡村记忆共享平台。爱尔兰利默里克大学图书馆购买必要材料，聘请专门人员并配备专门设备等，可以有效提高照片档案数字化的工作效率和成本效益。该项目负责人认为，数字化将会使这些记录香农镇乃至香农地区发展情况的档案更容易被研究人员所利用，也能使世界各地的人们更加方便地浏览、利用这些独特的照片档案，最终达到推动文化遗产研究和保护的目的。通过构建乡村记忆共享平台和在线开放利用，人们可以访问关于香农镇发展的档案资源，在一定程度上消除地理空间和时间的限制，由香农镇扩展到全世界，有效地扩大档案利用范围，促进了档案资源的共享与利用，提高了档案资源的利用效率，拓宽了其利用广度。

3. 案例启示

爱尔兰香农镇照片档案数字化项目为我国乡村档案工作提供一些参考与借鉴。结合我国乡村档案工作发展目标、任务和要求等，下面需要从四个层面出发加强乡村档案工作建设，进而助力乡村发展振兴。

（1）战略层面：加强乡村档案工作促进乡村振兴，见证乡村发展历程。对我国而言，乡村振兴战略要求治理有效、产业兴旺、生活富裕、加强农村基层基础工作等，在乡村振兴战略实施推进过程中，需要乡村档案工作主动参与并融入其中，及时充分发挥其存史、资政育人等功能和作用。乡村档案是乡村建设发展历程的真实记录，同时也是社会主义下农村经济发展和建设轨迹的体现。

乡村档案是乡村各项事业发展建设的基础，是记录乡村不同阶段面貌、见证乡村发展历程的重要工具，对于乡村可持续发展、乡镇治理透明化、农民利益维护、乡村文化建设等至关重要。开展乡村档案工作时，需要根据地区实际情况，与乡村振兴战略结合，进乡村振兴战略的全面深入落实。

（2）制度层面：完善乡村档案管理体制机制，留存乡村厚重记忆。爱尔兰香农镇照片档案数字化项目与其他城镇项目进行广泛的联动，有效地提高了项目的知名度和影响力，这也对我国乡村档案工作提供了一定的启示。

第一，我国乡村档案工作参与主体多元，需要及时建立协同合作机制。例如，与研究机构和高校合作，消除乡村档案地理空间的限制，在丰富其馆藏资源的同时，介绍乡镇历史、当前现状、发展特点、乡镇特色等，一方面提高乡镇的知名度和影响力，另一方面促进乡镇历史文化传播，有利于打造乡镇文化品牌。

第二，完善乡村档案管理机制，健全档案工作规章制度。乡镇应当把档案工作纳入乡镇发展规划、工作计划和考核体系，纳入领导目标管理责任制，纳入乡镇各部门和履行公共服务职能等机构的工作职责范围；在管理服务机制方面提出应当建立由分管档案工作领导牵头的档案工作协调机制，处理乡村档案工作重要事项；在人员要求方面提出乡村档案人员应当政治可靠、忠于职守，具备做好档案工作所需要的知识与技能，并保持相对稳定。明确乡村档案工作各方职责，落实主体责任。当前乡村档案工作应完善权责体系，明确乡村档案各方管理职责，全面落实乡镇党委、政府主体责任，健全体制机制，根据地区实际情况科学管理乡村档案工作。

（3）建设层面：加强乡村档案资源建设，勾勒乡村振兴新图景。爱尔兰香农镇照片档案数字化项目非常注重挖掘本土档案资源，充分凸显了乡村档案社会记忆的功能和档案事业发展规划。

健全互联网+监管手段，建立档案数字治理新模式，推动档案工作融入各项业务全流程，推进档案业务在线监督指导，提升档案管理网络化、智能化、精细化水平。

国家鼓励和支持档案部门推进档案数字化工作，这为乡村档案工作数字化转型提供了坚强的法律保障，在数字化转型过程中结合乡村档案工作实际情况，档案主管部门需要扩大相应监管和业务指导范围等，确保乡村档案工作有序开展。

第一，注重乡村本土档案资源挖掘，在构建乡村记忆过程中，通过征集、捐赠等各种方式广泛吸纳社会力量积极参与到乡村档案资源建设中。目前，与其他类档案资源相比，我国乡村档案资源较少，唯有提高社会参与度，才能更好地丰富乡村档案资源。

第二，挖掘档案资源过程中还应注重突出地域文化特色，充分展示地方历史记忆、特色文化和风土人情等。

第三，注重乡村档案工作人才培养和队伍建设。在乡村档案工作开展的过程中，应引入素质高且专业能力强的档案人才并进行培训，优化乡村档案工作队伍结构。在人才培养的过程中，可以通过专家讲座、业务培训等方式增加乡村档案工作人员的经验和业务能力。

（4）信息化层面：推进乡村档案工作数字化转型，助力乡村治理建设。爱尔兰香农镇照片档案数字化项目通过聘请专门人员并配备专门设备，提高照片档案数字化的工作效率和成本效益，提高档案资源的利用效率，拓宽了其利用广度，这也对我国具有一定的启示。

乡村档案作为真实、完整、准确记载乡村状况的重要载体，对乡村历史和当前发展情况研究都极为重要，因此应注重乡村档案的保护与开发利用。在保护乡村档案过程中，不仅要为其提供安全的存放环境，妥善保管档案实体，也应将乡村档案数字化，保护档案内容。在乡村档案数字化过程中，需要从技术、管理、发展规划三个不同维度推进乡村档案工作数字化转型。在技术方面，乡村政府需要增加档案建设资金来购买专业设备和引入专业人才，及时更新乡村档案建设相关的软硬件设施，对乡村档案进行归档、著录、编目、数字化和在线利用，加强乡村档案数据库建设，搭建线上平台。在此过程中，还应加强信息、数据等安全保障，确保各项工作安全高效开展。如江苏省常州市发展"档案数字化"智慧农业，为农作物提供翔实的电子档案，实现数字技术、档案治理与农业经济高度融合，发挥苏南乡村档案有效治理作用，促进乡村全面振兴。

（二）福建省莆田市"乡村记忆档案"示范项目案例

2015年9月，福建省莆田市仙游县榜头镇溪尾村、荔城区西天尾镇后黄村、城厢区常太镇东青村、涵江区三江口镇后郭村被确定为福建省"乡村记忆档案"示范项目建设村。莆田市档案局精心部署、认真筹划，组织实施"乡村记忆档案"示范项目建设。2019年5月，"乡村记忆档案"示范项目被市委、市政府列入莆田市重点品牌工作之一，莆田市在推进"乡村记忆档案"示范项目建设方面逐步实现常态化、规范化。

1. 科学谋划，高效运转

"乡村记忆档案"示范项目建设是一个集农村档案资源整合、展示场所建设、档案编研开发、档案信息化于一体的综合性工程，涉及面广、持续时间长、参与人员多。莆田市档案局以高度的文化自觉、文化自信，积极主动承担起新时代赋予的"乡村史志编修"责任，率先启动"乡村记忆档案"示范项目建设，及时出台多项措施，确保示范项目有效实施、顺利验收。

（1）领导重视，提供创建保障。建立由市档案局、县（区）档案局、镇、村构成的市县镇村四级联动机制，形成由市档案局牵头指导，县（区）档案局具体监督指导，镇督促、村负责的有效合力。全市各级档案部门上下联动，把项目建设列入年度工作计划，明确目标要求及进度安排。成立工作领导小组，坚持常下村、勤督导。召开"乡村记忆档案"示范项目工作启动会、村志编纂启动会等专场会议，对项目创建工作进行动员部署。

（2）积极争取，确保经费到位。除省财政下拨给各县（区）的专项经费外，市档案局多方争取配套经费，投入用于村志编印，荔城区、城厢区档案局也从工作经费中挤出经费用于创建示范村项目，西天尾镇、常太镇党委政府也下拨配套经费。

（3）立足村情，制定创建方案。成立由县（区）档案局、镇、村人员组成的领导小组，明确职责、分工协作，立足村情、因地制宜，制定切实可行的项目建设方案，明确各阶段具体工作目标与任务、工作步骤、完成时限、验收标准等要求，为项目顺利开展奠定了基础。同时，相关县（区）档案局还与村签订项目建设协议书，明确项目建设开展要求、进度安排、完成时限、经费支出等。

（4）坚持标准，规范档案管理。将规范整理文书、项目建设、实物、照片、声像等各门类档案，对文书档案、专门档案、照片档案等都进行了全文扫描，市档案局还统一提供档案管理软件，初步实现了乡村档案的数字化利用。建立设备齐全的档案室、查档室，其中为档案室配备了防盗门窗、监控系统、除湿机、空调、铁皮柜等"八防"设备，查档室配备了内网专用计算机、打印机、复印机等，为档案的安全保管、持续利用提供保障。

2. 建立"村志"，留住乡愁

村志编撰工作是莆田市"乡村记忆档案"示范项目建设的重头戏，也是查漏补缺、完善史料的文化工程，以每个村为记述对象，全面盘点乡村地理、历史、经济、村风俗、文化、教育、物产、人物等方面的状况，有着特殊的历史价值、文化价值和学术价值。市档案局按照"彰显区域特征、体现人文特点、挖掘资源特色"的原则，投入大量人力、物力、财力，记录和保存下了即将消失的乡村历史文化资料，促进美丽乡村建设和公共文化建设，给后人留下了一笔丰富的历史文化资产。

为确保撰写观点正确、资料翔实、体例得当，既能体现时代风貌要求，又能发挥"资政、教化、存史"作用，在村志编写过程中，市档案局始终坚持正确指导并给予经费保障，聘请多名社会专业人员及村名望人士等组成村志编委会，明确分工，与主要执笔人员签订了村志编撰协议；多次组织编写人员进行交流，拟定编写提纲，统一编写意见。编写人员根据各创建村历史现状的实际情况，多次召开座谈会，采访当事人，查阅市、区档案馆、创建村档案室中的相关档案，掌握了大量的原始资料。

3. 振兴乡村文化，守护"活化石"

市档案局围绕树立"一村一品"特色，精心策划、精准指导，深度挖掘整合乡村记忆资源，着力推进"乡村记忆档案"示范工程"五有"建设，即"档案有规范、制度有落实、场所有建设、资源有开发、信息化有推进"。目前，全市4个示范项目已全部健全档案管理机制及业务规范并加以落实；完成"乡村记忆档案"各种门类、载体的规范整理；传统载体档案100%完成数字化转化，建立专题数据库，并使用档案信息管理软件进行管理；因地制宜，设立了符合"八防"要求的综合档案室，建立特色"乡村记忆档案展览馆"，力求全面、系统地记述自然和社会的历史与现状。

荔城区西天尾镇后黄村居委会将一座总面积约420平方米并极具特色的华侨故居（朱金英旧居），以"铭记华侨对祖国、家乡和居住国的丰功伟绩，弘扬侨胞爱国爱乡精神，传承中华民族文化，促进文化交流"为主题，创建为荔城区华侨记忆档案展览馆。

为了真实地拍摄村人文地理、古建筑遗址、年节习俗等，莆田市各县（区）档案局及村两委相关工作人员陪同摄制组深入村景观建设、古建筑、群众民舍等就地取材拍摄画面，拍摄了极具地方特色的专题电视宣传片，展播后好评如潮①。

"乡村记忆档案"示范项目建设立足档案的原始性、真实性和凭证性，以编研、展览、视频等形式，推进了创建村记忆档案收集、整理、编研、展览、开发及保护工作。

接下来，莆田市档案局将在新一轮的"乡村记忆"文化的挖掘中，紧紧围绕服务美丽莆田建设，把建设"乡村记忆档案"示范项目作为档案工作服务中心、服务社会、服务民生的一个重要载体，着力打造独具莆田地方特色的乡村记忆文化品牌，凭借"档案元素"助力"美丽乡村"建设。

新时期，莆田市档案局将扎实有力地推动"不忘初心、牢记使命"主题教育深入开展，把学习成果转化为攻坚克难、干事创业的实际成效。坚持围绕中心，找准档案服务大局的契合点，不断提高档案服务中心工作的针对性和有效性，助力机构改革，精心打造集档案文化、历史传承、旅游资源于一体的具有当地特色的档案文化阵地，丰富多样的"乡村记忆档案"文化元素为依托，全面推动档案事业科学、健康发展，为建设美丽莆田作出新的贡献。

二、乡镇社区档案数字化建设的实践启示

第一，认真做好档案基础工作。如将一些珍贵的档案数字化，从而有效保护档案原件，使其在将来的学者之间进行学术探讨过程中发挥出自身的价值，促进文化交流的繁荣；同时，注意对档案信息载体性能的选择，从而打好档案信息化的基础，使得档案数字

---

① 如《美丽溪尾画中行》《赤子丹心写春秋》《美丽东青》《吾乡后郭》。

化建设顺利进行。

第二，在档案信息建设中采用现代数字技术时要注意把握技术的先进性和适用性的关系。目前档案部门受资金、技术和人才等条件的限制，依靠自身的力量来实现档案数字化建设几乎不可能，必须采取数字技术外包的策略。针对工程中技术性强的业务进行有选择性的外包等方法，可以实现既节约成本又高效的档案数字化建设。

第三，大力加强档案数字化人才的培养，从而为档案数字化建设提供有力的智力支持。档案数字化人才是实现档案数字化建设的主力军，因此，必须培养出一批具有管理型、技术型和复合型的人才。对档案数字化建设具有关键作用的数字化人才主要有：①在规划、实施、推进档案数字化方面有领导能力的人才；②在档案理论实践中积累、整理和开发档案信息资源的专门人才；③具有档案数字化专门技术开发研究的信息技术专业人才。通过对这些人才的培养可以有效推进档案数字化建设。

总之，随着科技的进步，档案领域全面实现数字化建设指日可待。相信档案数字化将会给人类历史的见证提供有力的保障，同时，为人们对档案的调阅、查询以及收集等都会提供极大的便捷服务。

参考文献

[1] 阿东. 利用档案传播文化档案工作得到认可[J]. 陕西档案, 2019, (01): 17.

[2] 陈芳. 档案管理现代化的意义[J]. 管理观察, 2016, (33): 45.

[3] 陈海玉, 黄发梅, 姜舒晨. 乡镇档案资源治理的共建共治共享探究: 理论逻辑与行动路向[J]. 北京档案, 2022, (05): 6-10.

[4] 陈栩杉. 人工智能与档案管理: 进展、愿景与挑战[J]. 中国档案, 2022, (11): 30-32.

[5] 楚元泼. 新形势下基层档案管理工作中的问题及对策研讨[J]. 兰台内外, 2022, (35): 37.

[6] 崔玉珊. 收集工作中存在的若干问题及对策研究[J]. 北京档案, 2020, (03): 35-36.

[7] 丁越, 陈建. 共建与共享: 档案众包完善社会记忆的方式与路径[J]. 山西档案: 1-9.

[8] 杜永江. 浅谈档案保管工作的意义和任务[J]. 科技视界, 2014, (33): 220.

[9] 房莉. 提高乡镇档案管理科学化水平的路径选择[J]. 黑龙江档案, 2022, (04): 266-268.

[10] 高杰. 综合管理背景下的乡镇档案管理规范化探究[J]. 兰台内外, 2022, (18): 53.

[11] 宫晓东, 丁海悦. 论乡镇档案信息化建设的四个维度[J]. 档案与建设, 2022, (04): 40-43.

[12] 谷秀娟, 卫明月, 孙锡平. 对进一步做好档案保管工作的认识[J]. 黑龙江档案, 2013, (01): 88.

[13] 郭美芳, 王泽蓓, 孙川. 档案信息化建设与管理[M]. 长春: 吉林人民出版社, 2021.

[14] 何婕. 档案保管工作的意义和任务探析[J]. 办公室业务, 2019, (13): 71+77.

[15] 何正芳. 乡镇企业档案管理概要[M]. 上海: 上海科学技术文献出版社, 1993.

［16］后开亮. 脱贫攻坚档案管理问题和应对策略探讨［J］. 档案管理, 2022,（04）: 123-124.

［17］黄丽华. 档案数字化风险与管理［M］. 北京: 中国文史出版社, 2018.

［18］黄新荣, 刘亚宁. 推进档案整理"三合一"工作［J］. 档案与建设, 2022,（10）: 56-59.

［19］黄亚军, 韩国峰, 韩玉红. 现代档案信息化管理与建设研究［M］. 长春: 吉林人民出版社, 2022.

［20］黄友祺, 姜晓伟. 档案"收、管、用"一体化协同发展实践与分析［J］. 浙江档案, 2021,（06）: 55.

［21］金波, 孙尧, 杨鹏. 基于区块链技术的档案数据质量保障研究［J］. 图书馆杂志: 1-14.

［22］康建军. 新形势下档案管理工作的难点及解决办法［J］. 文化产业, 2022,（17）: 117-119.

［23］李蕙名, 王永莲, 莫求. 档案保护学与科技档案管理工作［M］. 沈阳: 辽宁大学出版社, 2021.

［24］李珏. 基于社会记忆理论范式探讨档案收集工作的转变［J］. 陕西档案, 2022,（05）: 54-55.

［25］李秀年, 查云富. 乡镇企业档案资料的征集与利用探索［J］. 中国档案, 2022,（07）: 58-59.

［26］林伟娟. 档案信息化建设与档案管理的几点思考［J］. 文化产业, 2022,（33）: 16.

［27］林英鎏. 新时期乡镇档案管理中存在的问题及相关建议［J］. 文化产业, 2022,（26）: 7-9.

［28］刘冰. 乡镇卫生院公共卫生服务项目档案建立的几点构想［J］. 中国医药指南, 2012, 10（07）: 312-313.

［29］刘纯勇. 档案利用与档案传播的整合研究［J］. 才智, 2018,（17）: 206.

［30］刘娟. 浅谈档案利用与档案传播［J］. 视听, 2018,（07）: 205-206.

［31］刘祎. 档案管理［M］. 长春: 吉林人民出版社, 2018.

［32］卢丹. 新时期档案信息化保障体系建设举措探讨［J］. 档案天地, 2022,（02）: 35.

［33］卢东宁, 杨甜甜. 乡村经济发展档案建设的若干思考［J］. 浙江档案, 2022,（01）: 57-59.

[34] 罗宝勇, 殷名, 徐有军. 档案情感价值思辨及应用研究 [J]. 档案与建设, 2022, (08): 11-15.

[35] 潘海英. 新时期档案管理的创新思考 [J]. 文化产业, 2022, (31): 19-21.

[36] 潘亚男. 新时期科技档案工作的新变化与新问题——基于中国科学院科技档案实践的思考 [J]. 图书情报工作, 2022, 66 (01): 106.

[37] 潘园园. 新时期档案收集工作存在的问题与建议 [J]. 城建档案, 2021, (11): 121-122.

[38] 任丽梅. 档案价值鉴定研究 [J]. 兰台内外, 2022, (30): 52-54.

[39] 王静. 档案事业高质量发展的内涵与途径 [J]. 黑龙江档案, 2022, (03): 78-80.

[40] 王羽佳. 基层单位档案收集精准化管控探析 [J]. 北京档案, 2020, (02): 23-25.

[41] 徐世荣. 档案信息化建设与管理创新研究 [M]. 长春: 吉林文史出版社, 2021.

[42] 许建智, 王艳艳. 新时期档案信息化建设的几点思考 [J]. 档案与建设, 2020, (10): 50-52+60.

[43] 许秀. 高校档案管理与信息化建设研究 [M]. 哈尔滨: 哈尔滨工业大学出版社, 2019.

[44] 杨洁. 中小学档案收集工作有效性研究 [J]. 兰台内外, 2022, (27): 76-77.

[45] 杨晓玲, 张艳红, 刘萍. 档案信息化管理与建设研究 [M]. 长春: 吉林人民出版社, 2022.

[46] 张君贵. 乡镇档案工作在乡村振兴中的地位及作用分析 [J]. 农村经济与科技, 2022, 33 (08): 152-154.

[47] 张黎英. 档案收集整理工作的重要意义研究 [J]. 办公室业务, 2022, (13): 128-130.

[48] 张倩. 社会记忆视角下家庭档案价值实现研究 [D]. 哈尔滨: 黑龙江大学, 2022: 1.

[49] 赵嘉庆, 张明福. 档案管理 [M]. 北京: 档案出版社, 1991.